AF452583

ESSAI

SUR LE

MOUVEMENT DES PROJECTILES

DANS LES MILIEUX RÉSISTANTS

PAR M. THIROUX

Lieutenant-colonel d'artillerie en retraite.

DEUXIÈME CAHIER. — PARTIE PRATIQUE.

PARIS

LIBRAIRIE MILITAIRE, MARITIME ET POLYTECHNIQUE
DE J. CORRÉARD
Libraire-éditeur et libraire-commissionnaire
RUE SAINT-ANDRÉ-DES-ARTS, 58
1857

Paris. — Typographie de Gaittet et Cie, rue Gît-le-Cœur, 7.

ERRATA

DU DEUXIÈME CAHIER.

Page 87, au lieu de : $\frac{dx}{dt}$ V cos α, lisez : $\frac{dx}{dt} = $ V cos α.

Page 92, au lieu de $\sqrt{1 + b^2}$, lisez : $\sqrt{1 + z^2}$.

Page 93, au lieu de : u tang α, lisez : x tang α.

Ibid. au lieu de : $2m$, lisez : $2mx$.

Page 102, ligne 5, au lieu de : $\sqrt{1 + o^2}$, lisez : $\sqrt{1 + z^2}$.

Ibid., ligne 6, au lieu de : o, lisez : z.

Page 144, ligne 4, au lieu de : x tang $\alpha \frac{gx^2}{2v^3} \left(\ldots \right.$

lisez : x tang $\alpha \frac{gx^2}{2V^2} \left(. \quad . \quad . \quad . \right)$

Ibid., même formule, au lieu de : $\frac{1}{2}$ lisez : 2.

ESSAI

SUR LE

MOUVEMENT DES PROJECTILES

DANS LES MILIEUX RÉSISTANTS.

DEUXIÈME CAHIER, PARTIE PRATIQUE.

CHAPITRE IV.

Coup d'œil sur les travaux des anciens auteurs de balistique pratique, formules de Besout, expériences y relatives. — Travaux de Lombard, formule pour le tir sous de petits angles, inexactitude des formules de Besout et de Lombard. — Calcul de la trajectoire des bombes d'après la méthode d'Euler. — Application des expériences de Hutton à l'amélioration des formules de Besout et de toutes celles qui en dérivent. — Tables y relatives, concordance de ces formules avec les résultats de la pratique. — Travaux de d'Obenheim, planchettes du canonnier, et balistique ; avantages et inconvénients de ce système ou de la balistique graphique.

Les anciens paraissent n'avoir eu aucune idée relativement à la forme et aux propriétés géométriques de la trajectoire.

Plus tard, à l'apparition des bouches à feu, on ima-

gina une construction très-imparfaite de cette courbe.
On la supposa formée de trois parties distinctes : la
première en ligne droite, située du côté de la pièce et
décrite d'un mouvement violent ; la deuxième en arc
de cercle formant la partie supérieure de la trajectoire et décrite d'un mouvement mixte ; et la troi-
sième en ligne droite, située du côté du but et décrite d'un mouvement dit naturel. Cette forme, assez
en harmonie avec l'observation superficielle des phé-
nomènes du tir sous de grands angles, était du reste
entièrement arbitraire, car rien ne limitait la longueur, la direction et le raccordement des trois branches de la courbe.

Ce qui semblait confirmer cette théorie, c'est que,
quand on observe de petits arcs de la trajectoire, et
il était bien difficile alors d'en observer d'autres, ces
arcs paraissent en ligne droite. En réalité, cette ap-
parence n'est due qu'à la faiblesse de la courbure,
car il est évident qu'aucune partie de la trajectoire
ne saurait être en ligne droite. Cependant il arrive
encore que, dans la pratique du tir, on remplace, pour
la solution de certains problèmes, le dernier élément
de la courbe, par une ligne droite.

Tartaglia, ingénieur italien, avait compris qu'aucune partie de la trajectoire ne pouvait être en ligne
droite ; il essaya de donner des principes pour calculer les portées d'après l'inclinaison du tir, et admit
que l'angle qui donnait la plus grande portée était
de 45°. Cette théorie étant tout à fait arbitraire, ainsi

que celle des autres auteurs, fut bientôt abandonnée.

Vers la fin du xvII^e siècle, Galilé publia ses dialogues sur le mouvement, où après avoir établi les lois de la chute des corps graves, il démontre que la courbe décrite par un projectile pesant, lancé suivant une direction oblique, est une parabole dont l'axe est vertical ; dans cette hypothèse, le sommet de la trajectoire est exactement au milieu de la courbe, et ses deux branches sont parfaitement égales (le terrain étant supposé horizontal).

Cette hypothèse rendant les calculs extrêmement commodes, fut bientôt adoptée dans l'artillerie, et, malgré les découvertes des géomètres, elle y resta longtemps enracinée ; on posait en principe que l'air, *à raison de sa grande subtilité*, ne pouvait pas opposer une résistance sensible au mouvement des projectiles.

En 1732, Bélidor calculait des tables de tir pour les mortiers ; ces tables de tir, imprimées in-4° sous le titre du *Bombardier français*, étaient entièrement basées sur la théorie parabolique. Trente ans après, Leblond, qui était professeur aux écoles d'artillerie, admettait que la résistance de l'air n'avait pas assez d'influence sur le mouvement des bombes, pour qu'il fût nécessaire d'y avoir égard.

Vers 1732, Newton calcula la trajectoire dans l'air, en supposant la résistance du fluide proportionnelle au carré de la vitesse, il découvrait la plupart des propriétés de cette courbe et fit voir qu'elle différait notablement de la parabole.

L'incertitude où l'on était de la véritable mesure de la vitesse des mobiles, s'opposait au perfectionnement de la balistique et rendait tous les calculs plus ou moins hypothétiques. Dans cet état de choses, Benjamin Robins, ingénieur anglais, ayant inventé le pendule balistique, et cette machine, quoique très-imparfaite, permettant de calculer les vitesses de balles de fusil avec une certaine précision, fit reconnaître que la poudre pouvait imprimer aux projectiles des vitesses de 600^m par seconde au moins, et dont on ne soupçonnait pas même la possibilité. En 1742, Robins fit paraître ses nouveaux principes d'artillerie ; dans cet ouvrage, l'auteur rend compte de ses expériences au pendule, et fait voir qu'une balle de fusil lancée sous l'angle de 45° avec une vitesse initiale de 1,700 pieds anglais, avait, dans l'air, une portée 34 fois plus petite que celle qu'elle aurait eue dans le vide. Robins démontre que la résistance de l'air croît dans un rapport plus grand que le carré de la vitesse, et pose dans le cours de son livre une foule de maximes fort remarquables et dont la plupart ont été sanctionnées par l'expérience. Toutefois, l'auteur ne précise rien sur la forme de la trajectoire, dont la connaissance est si nécessaire pour la pratique du tir.

Cet ouvrage fut traduit en allemand et savamment commenté par Euler (Berlin, 1745). En voyant toute la fécondité du génie de l'illustre géomètre, on est conduit à regretter que ses travaux n'aient pas été appuyés sur des expériences faites sur une plus grande échelle. Euler calcule l'équation de la trajectoire en supposant la résistance de l'air proportionnelle à une fonction de la forme de $nv^2 + pv$; mais les résultats auxquels il a été conduit n'ont point encore reçu d'application. Euler distingue le tir sous de petits angles du cas général, et donne l'idée première de la plupart des méthodes adoptées aujourd'hui.

La traduction allemande d'Euler fut publiée en français et annotée par Lombard, professeur de mathématiques à l'École d'artillerie d'Auxonne.

Il sortirait de notre objet de parler des travaux de tous les géomètres qui se sont occupés du problème de la trajectoire, tant en France qu'à l'étranger. Parmi ces savants, Besout occupe un rang distingué ; ses ouvrages, qui formaient la base de l'enseignement mathématique dans le corps royal de l'artillerie, ont eu le mérite de vulgariser la théorie du mouvement des projectiles dans l'air, et de contribuer à renverser l'hypothèse du mouvement parabolique. Besout admet comme Newton que la résistance de l'air est proportionnelle au carré de la vitesse, et que le coefficient constant de cette résistance est égal à 1/2, de sorte qu'on a $n = \dfrac{0,25\,\delta\pi r^2}{P}$.

Nous allons exposer ici en quelques mots la théorie de Besout, en adoptant les notations indiquées pag. 23 et suivantes.

Les équations du mouvement sont :

$$d\,\frac{dx}{dt} = -\,nv^2\,\frac{dx}{ds}\,dt \quad (1)$$

$$d\,\frac{dy}{dt} = -\,nv^2\,\frac{dy}{ds}\,dt - g\,dt \quad (2)$$

à cause de $v^2 = \dfrac{ds^2}{dt^2}$ et en supposant dt constant, on a :

$$d^2x = -\,n\,dx\,ds \quad (3)$$
$$d^2y = -\,n\,dy\,ds - g\,dt^2 \quad (4)$$

l'équation (3) donne $-\,nds = \dfrac{d^2x}{dx}$

substituant dans l'équation (4), il vient :

$$d^2y = \frac{dy\,d^2x}{dx} - g\,dt^2$$

ou $\dfrac{dx}{dx}\cdot\left(\dfrac{d^2y\,dx - dy\,d^2x}{dx}\right) = dx.\;d\left(\dfrac{dy}{dx}\right) = -\,g\,dt^2$

soit $\dfrac{dy}{dx} = z$ on aura :

$$dx\,dz = -\,g\,dt^2 \quad (5).$$

Relation indépendante de la loi de résistance du milieu.

L'équation $nds\,dx = -\,d^2x$ (3) étant multipliée par $g\,dt^2$, donne :

$$nds\,dx\,g\,dt^2 = -\,d^2x\,g\,dt^2. \quad (5)$$

observant qu'on a :

$$ds = dx\,\sqrt{1 + \frac{dy^2}{dx^2}} = dx\,\sqrt{1 + z^2}$$

et mettant à la place de $g\,dt^2$ sa valeur dans le premier membre, on obtient :

$$n\,dx^3\,dz\,\sqrt{1 + z^2} = d^2x\,g\,dt^2;$$

d'où l'on tire $ndz \sqrt{1 + z^2} = gdt^2 \dfrac{d^2x}{dx^3}$ (6).

L'auteur essaie de substituer à la place z de la tangente z' d'un angle deux fois plus petit, c'est-à-dire qu'il pose $z = \dfrac{2\,z'}{1 - z'2}$. Mais cette substitution, compliquant inutilement les calculs, nous ne l'effectuerons pas (1).

Intégrant l'équation (6) on a :

$$\int dz \sqrt{1 + z^2} = \tfrac{1}{2} \left(z \sqrt{1 + z^2} + log\,(z + \sqrt{1 + z^8}) \right)$$
$$= C - \frac{g}{2n} \frac{dt^2}{dx^2} \ (7).$$

A l'origine du mouvement : $z = tang\ \alpha;\ \dfrac{dx}{dt}\ V\ cos\ \alpha$, il viendra donc :

$$(7\ bis)\quad C = \frac{g}{2n\ V^2 cos^2\alpha} + \tfrac{1}{2} \left((tang\ \alpha\ \sqrt{1 + tang^2\,\alpha} + log\right.$$
$$\left. (tang\ \alpha + \sqrt{1 + tang^2\,\alpha}) \right).$$

L'expression $\dfrac{dx}{dt}$ étant la composante horizontale de la vitesse en un point quelconque de la courbe, cette vitesse sera connue, et l'on aura :

$$\frac{dx^2}{dt^2} = \frac{g}{n(2\,C - 2 \int dz \sqrt{1 + z^2})}\ (8).$$

Mettant à la place de gdt^2 sa valeur $dxdz$ (5), l'équation (7) devient :

(1) Voir la note ci-après, quant au parti qu'on tire de cet artifice de calcul.

$\int dz \sqrt{1 + z^2} = C + \dfrac{dz}{2\,ndx}$; d'où l'on tire

$$dx = \frac{-\,dz}{n\,(2\,C - 2\int dz \sqrt{1 + z^2})} \quad (9)$$ et à cause de $\dfrac{dy}{dx} = z$

on a $dy = \dfrac{-\,zdz}{n\,(2\,C - 2\int dz \sqrt{1 + z^2})} \quad (10)$.

Pareillement à cause de $ds = dx \sqrt{1 + z^2}$, il vien-
dra $ds = \dfrac{-\,dz \sqrt{1 + z^2})}{n\,(2\,C - 2\int dz \sqrt{1 + z^2})} \quad (11)$ intégrant il vient :

$$s = C' + \frac{1}{2n}\,log\,(C - \int dz \sqrt{1 + z^2}) \quad (12).$$

A l'origine $s = o$, $z = tang\ \alpha$, on aura :

$C' = -\,\dfrac{1}{2n}\,log\,(C - A)$, A étant la valeur que prend

$\int dz \sqrt{1 + z^2}$ pour $z = tang\ \alpha$.

Substituant dans l'équation (12),

on a $s = \dfrac{1}{2n}\,log\,\dfrac{(C - \int dz \sqrt{1 + z^2})}{C - A -} \quad (13)$,

ou passant aux nombres $e \overset{2ns}{=} \dfrac{C - \int dz \sqrt{1 + z^2}}{C - A}$

La vitesse en un point quelconque de la courbe
est $v = \dfrac{ds}{dt}$ élevant au carré on a $v^2 = \dfrac{dx^2}{dt^2}\,(1 + z^2)$;
mettant à la place de $\dfrac{dn^2}{dt^2}$ sa valeur tirée de l'équation (8), on obtient :

$$v^2 = \frac{g\,(1 + z^2)}{n\,(2\,C - 2\int dz \sqrt{1 + z^2})} \quad (15).$$

L'équation (5) donne $dt^2 = -\,\dfrac{dx\,dz}{g}$; mettant à la place de dx sa valeur, on a :

$$dt^2 = \frac{dz^2}{ng\,(2\,\mathrm{C} - 2 \textstyle\int dz \sqrt{1 + z^2})}$$

Extrayant la racine carrée on a :

$$dt = \frac{-\,dz}{\sqrt{ng\,(2\,\mathrm{C} - 2 \textstyle\int dz \sqrt{1 + z^2})^{\frac{1}{2}}}} \quad (16).$$

Tout radical du 2° degré comportant les signes $\pm$ nous avons dû adopter ici le signe $-$, attendu que z diminue à mesure que t augmente, soit qu'il converge vers o ou qu'il devienne négatif.

Les valeurs de dx, dy, dt, n'étant pas intégrales en général, Besout examine le cas où l'on peut poser $\int dz \sqrt{1 + z^2} = bz$; si l'on réduit le radical en série, on a : $dz\,(1 + \tfrac{1}{2} z^2 - \tfrac{1}{8} z^4 + \tfrac{1}{16} z^6 - \tfrac{5}{128} z^8 + \dots)$ dont l'intégrale est :

$$z\,(1 + \tfrac{1}{6} z^2 - \tfrac{1}{40} z^4 + \tfrac{1}{112} z^6 - \tfrac{5}{1152} z^8 +) = bz,$$

on a donc

$$b = 1 + \tfrac{1}{6} z^2 - \tfrac{1}{40} z^4 + \tfrac{1}{112} z^6 - \tfrac{5}{1152} z^8 + \dots,$$

série très-convergente tant que z est assez petit (1)

---

(1) Dans la vue d'obtenir pour la valeur de b une série plus convergente, Besout considère un angle deux fois plus petit que celui dont la tangente est z; appelons z' la tangente de cet angle, on aura : $z = \dfrac{2z'}{1 - z'^2}$

différentiant on obtient $dz = \dfrac{2\,(1 + z'^2)\,dz'}{(1 - z'^2)^2}$

la supposition de $\int dz \sqrt{1 + z^2} = bz$ étant introduite dans l'équation (7) donne

$$bz = C - \frac{g}{2n}\frac{dt^2}{dx^2}.$$

A l'origine $z = tang\,\alpha$, $\dfrac{dx}{dt} = V\,cos\,\alpha$ et partant :

$$C = \frac{g}{2n V^2 cos^2\,\alpha} + b\,tang\,\alpha.$$

on trouve également $\sqrt{1 + z^2} = \dfrac{1 + z'^2}{1 - z'^2}$

en sorte qu'on a $dz \sqrt{1 + z^2} = \dfrac{2(1 + z'^2)^2}{(1 - z'^2)^3}\,dz'$ dont l'intégrale est $\dfrac{z' + z'^3}{(1 - z'^2)^2} + \frac{1}{2}\,log\left(\dfrac{1 + z'}{1 - z'}\right)$ développant $log\,\dfrac{1 + z'}{1 - z'}$

on a $z' + \dfrac{z'^3}{3} + \dfrac{z'^5}{4} + \dfrac{z'^7}{7} + \dots$ multipliant cette quantité par $(1 - z'^2)^2$ et en ajoutant le produit au numérateur de $\dfrac{z' + z'^3}{(1 - z'^2)^2}$

on aura :

$$\frac{2z' - 2z'^3 + \frac{4}{3}z'^3 + \frac{8}{15}z'^5 + \frac{8}{105}z'^7 + \frac{8}{315}z^9 \dots}{(1 - z'^2)^2} = \frac{2z'}{1 - z'^2}$$

$$\left(\frac{1 + \frac{2}{3}z'^2 + \frac{4}{15}z'^4 + \frac{4}{105}z'^6 + \frac{4}{315}z'^8 + \frac{4}{690}z'^{10} \dots}{1 - z'^2}\right)$$

Or $\dfrac{2z'}{1 - z'^2} = z$, la série qui le multiplie sera donc la valeur de b.

Besout admet d'abord que pour des angles de 25° et au-dessous, la valeur de b peut être considérée comme constante dans toute l'étendue du trajet, puis finalement il adopte cette hypothèse pour le tir sous tous les angles. En conséquence, il suppose $z' = tang\,\frac{1}{2}\,\alpha = i$.

Par les angles compris entre o et 25°, la valeur de b ne subit qu'une variation de 1,00 à 1,035.

L'équation (10) devient par la même supposition
$$dx = \frac{1}{2n} \frac{-dz}{(C - bz)}$$ dont l'intégrale est :

$$x = C' + \frac{1}{2nb} \log (C - bz).$$

On trouve $C' = \frac{1}{2nb} \log \frac{g}{2n\,V^2\cos^2\alpha}$ et partant :

$$x = \frac{1}{2nb} \log \left(\frac{C - nbz}{\frac{g}{2n\,V^2\cos^2\alpha.}} \right)$$

Réduisant et passant aux nombres, il vient :

$$(a) \quad \frac{ge^{2nbx}}{2n\,V^2\cos^2\alpha} = C - bz = \frac{g}{2n\,V^2\cos^2\alpha} + b\,tang\,\alpha - bz$$

tirant la valeur de z on a :

$$z = tang\,\alpha - \frac{g}{2nb\,V^2\cos^2\alpha} \left(e^{2nbx} - 1 \right) \quad (b)$$

qui donne

$$dy = dx\,tang\,\alpha - \frac{g\,dx}{2nb\,V^2\cos^2\alpha} \left(e^{2nbx} - 1 \right)$$

intégrant, on obtient :

$$y = x\,tang\,\alpha - \frac{g}{4n^2\,b^2\,V^2\cos^2\alpha} \left(e^{2nbx} - 2nbx \right) + C''$$

à l'origine $x = o$ $y = o$, et $C'' = 1$
par conséquent

$$y = x\,tang\,\alpha - \frac{g}{4n^2\,b^2\,V^2\cos^2\alpha} \left(e^{2nbx} - 2nbx - 1 \right) \quad (c)$$

Lorsque le tir a lieu sous de très-petits angles, on

a sensiblement, $cos\,\alpha = 1$; $b = 1$, et partant :

$$y = u\ tang\,\alpha - \frac{y}{4n^2 V^2}\left(e^{\frac{2nx}{}} - 2nx - 1\right) \quad (c')$$

l'équation (15) donne :

$$v = \frac{V\,cos\,\alpha\,\sqrt{1 + b^2}}{\sqrt{1 + 2nb\,V^2\,cos^2\alpha\,(tang\,\alpha - z)}} \quad (d)$$

l'équation (16) devient :

$$dt = \frac{-dz}{\sqrt{2ng}\,\sqrt{C - bz}} \text{ intégrant on a :}$$

$$t = C''' - \frac{2}{b\,\sqrt{2ng}}\,\sqrt{C - bz}$$

mettant à la place de $\sqrt{C - bz}$ sa valeur

$$\sqrt{\frac{ge^{2nbx}}{2n\,V^2\,cos\,\alpha}} \text{ on obtiendra :}$$

$$t = C''' - \frac{1}{nb\,V\,cos\,\alpha}\,e^{nbx} \text{ à l'origine } x = o ; t = o \text{ et l'on}$$

a $C''' = \dfrac{1}{nb\,V\,cos\,\alpha}$ partant :

$$t = \frac{1}{nb\,V\,cos\,\alpha}\left(e^{nbx} - 1\right) \quad (e)$$

L'équation (c) est exactement celle de Besout, avec cette différence que cet auteur remplace V^2 par $2ph$, qu'il désigne l'angle de tir par I, la quantité que nous avons appelée b par a, et celle que nous avons appelée n par $\dfrac{p}{k^2}$, p étant l'action de la gravité, les équations que donnent Poisson et d'Obeinheim ne sont qu'une transformation de celle-ci.

Poisson suppose $b = 1$, $cos\ \alpha = 1$, il remplace V^2 par $2gh$, et appelle m la quantité que nous avons appelée n, et trouve :

$$y = u\ tang\ \alpha - \frac{1}{8m^2h}\left(e^{\frac{2mx}{}} - 2m - 1\right)$$

qui est exactement l'équation (c') faisant $n = \frac{1}{c}$ dans l'équation c' on obtient :

$$y = n\ tang\ \alpha - \frac{gc^2}{4V^2,}\left(e^{\frac{2x}{c}} - \frac{2x}{c} - 1\right)$$

qui est exactement l'équation de d'Obeinheim.

Pour calculer les portées à l'aide de la formule de Besout, on substitue à la place de x des valeurs successives qui donnent des ordonnées positives et décroissantes, puis des ordonnées négatives, le nombre pour lequel $y = o$, est la valeur de la portée cherchée. On trouve à la fin du 4e volume de Besout une table des valeurs de a, suivant la grandeur de l'angle de tir ; cette table est reproduite, page 45, à l'article *tableau des valeurs de* B.

Besout, considérant que sa 1re méthode donne des portées un peu fortes, essaie une 2e solution du problème de la trajectoire, en ayant égard à la diminution de la densité de l'air vers le sommet de la courbe ; dans cette 2e méthode, on calcule séparément les deux branches de la trajectoire, on obtient alors des portées un peu plus courtes et un point culminant plus élevé. Il n'entre pas dans le plan de cet ouvrage, de reproduire ici cette partie des travaux de Besout.

Deux séries d'expériences ont été faites en octobre 1771 à l'École d'artillerie de La Fère pour vérifier la théorie de Besout.

Dans la 1re, on a tiré des bombes de 32cent.. Ces bombes avaient 0m3203 de diamètre et pesaient 69k51 ; elles étaient lancées avec une charge de poudre de 1k836.

Besout, admettant des données qui conduisent à $\delta = 1^k1759$ et à $n = 0.0003408$, trouve que la vitesse initiale des bombes a dû être de 118m89.

Dans la 2e série d'expériences, on a tiré un canon de 24 à la charge de 4k461, les boulets avaient 0.14889 de diamètre, la densité de la fonte étant supposée de 7.144 celle de l'eau distillée, ou 6047 fois plus grande que celle de l'air, de là résulte qu'on obtient $n = 0.0004165$; d'où Besout conclut que la vitesse initiale des boulets était de 409m95.

Nous allons donner ici les tableaux des résultats de ces expériences et des calculs de Besout.

Tableau du tir des bombes de 32ᶜᵉⁿᵗ.

NOMBRE de coups.	ANGLES de tir.	PORTÉES		DURÉES DU TRAJET		ANGLES de chute.
		observées.	calculées.	observées.	calculées.	
	°	m	m	''	''	°
4	10	465.35	442.45	4	4.05	14
4	20	797.00	771.84	$7\frac{1}{3}$	8.00	26
4	30	972.60	974.52	$10\,{}^{3}/_{4}$	11.3	36
5	40	1106.66	1066.12	$14\,{}^{2}/^{3}$	14.4	48
5	43	1020.89	1070.02	14	15.2	50
5	45	1003.36	1066.12	$15\frac{1}{5}$	15.8	52
4	50	968.67	1040.80	16	16.9	57
4	60	870.23	910.20	$19\frac{1}{3}$	19.3	68
4	70	644.64	678.26	22	20.7	74
4	75	526.24	559.88	22	21.7	78

Tableau du tir des boulets de 24.

Nombre de coups.	Angles de tir.	PORTÉES				DURÉES		Angle de chute.
		OBSERVÉES	CALCULÉES		RAPPORT de la portée dans l'air à celle dans l'eau.	observées.	calculées.	
			dens. const.	var. de dens.				
	°	m	m			''	''	°
4	5	1795.60	1746.35	1758.03	1.66	7	6.1	$8\,{}^{1}/_{2}$
4	10	2400.72	2524.01	2559.09	2.44	$10\frac{1}{4}$	10.8	18
4	15	3119.43	2984.00	3069.74	2.745	$15\frac{1}{4}$	14.6	32
4	20	3364.04	3340.66	3437.60	3.27	19	18.7	42
4	25	4518.02	3553.60	3672.00	3.729	20	22	50
4	30	3749.46	3681.73	3829.86	3.955	$24\frac{1}{2}$	23.2	58
4	35	3665.16	3756.30	3976.05	4.400	27	28	64
5	40	3802.57	3728.51	3944.85	4.455	$32\,{}^{4}/_{5}$	30.8	68
5	43	4255.14	3693.57	3900.02	4.014	34	32.5	70
5	45	4010.35	3662.24	3866.89	4.27	34	33.4	72
4	50	3851.29	3553.61	3689.55	4.379	36	33.8	75
4	60	3179.85	3081.43	5208.11	4.664	$43\,{}^{1}/_{2}$	40.2	81
4	70	2406.57	2345.75	2360.29	4.571	46	44	85
4	75	1752.10	1814.55	1826.24	4.889	$48\,{}^{3}/_{4}$	45.5	84

L'accord que présentent les calculs de Besout avec les expériences ci-dessus n'est qu'apparent; les vitesses admises par l'auteur étant beaucoup plus petites que les vitesses réelles. On conçoit qu'on ne saurait admettre, comme exacte, une théorie qui exige l'adoption d'une vitesse initiale *ad hoc* et différente de celle qui existe réellement. D'ailleurs, les théories de Besout ne rachètent cet inconvénient par aucun avantage, elles exigent des calculs compliqués d'une longueur rebutante; aussi, bien que l'ouvrage de Besout ait longtemps servi de base à l'enseignement mathématique des officiers d'artillerie, aucun de ceux-ci n'a jamais songé à faire usage de ses théories balistiques. Les lecteurs qui voudraient connaître dans tous leurs détails les travaux de Besout sur la balistique, devront consulter le 4e volume de son *Cours de mathématiques à l'usage du corps royal de l'artillerie*.

Lombard, considérant que dans le tir des canons, des obusiers et des armes à feu portatives, les angles de projection sont toujours fort petits, admet : 1° que

la trajectoire AMB diffère assez peu de la portée AB pour pouvoir lui être substituée; 2° que le mobile ne s'élevant qu'à une faible hauteur, le temps employé à parcourir AB est sensiblement égal à celui qu'un corps pesant, tombant dans le vide, mettrait à parcourir BC, ce qui du reste n'a lieu exactement que dans le tir parabolique.

En sorte que si l'on appelle x et y les coordonnées du point M, α l'angle de projection, on aura : MP $=$ NP $-$ NM; ou $y = x \, tang \, \alpha - \dfrac{gt^2}{2}$ qui est l'équation de la parabole. A la vérité, Lombard s'est borné à calculer les portées horizontales, et à poser simplement $x \, tang \, \alpha = \dfrac{gt^2}{2}$; mais l'équation précédente dérive de sa théorie, et la rend plus claire.

Reste maintenant à calculer les circonstances du mouvement d'un point matériel, abstraction faite de la pesanteur.

Appelant n le coefficient constant de la résistance de l'air, v la vitesse en un point quelconque, V la vitesse initiale, on a $dv = - nv^2 dt$.

Intégrant il obtient $\dfrac{1}{v} = C + nt$.

A l'origine, $V = v$, $t = o$, et partant : $C = \dfrac{1}{V}$ d'où

$$v = \frac{V}{1 + nVt} \quad (1).$$

Mais à cause de $v = \dfrac{dx}{dt}$, on a $dx = \dfrac{Vdt}{1 + nVt}$ dont l'intégrale est $x = \dfrac{1}{n} \, log \, (1 + nVt) + c'$; à l'origine $x = o$, $t = o$, $log \, 1 = o$ et partant $c' = o$.

Passant aux nombres, on a $e^{nx} = 1 + nVt$ (2)

d'où l'on tire $t = \dfrac{e^{nx} - 1}{nV}$ et aussi $e^{nx} = \dfrac{V}{v}$ (3).

L'équation de la trajectoire serait donc, d'après Lombard :

$$y = x \ tang \ \alpha - \frac{y}{2n^2V^2} \left(e^{nx} - 1 \right)^2$$

ou plutôt $x \ tang \ \alpha = \dfrac{y}{2n^2V^2} \left(e^{nx} - 1 \right)^2$

Lombard se proposant seulement de calculer les portées horizontales.

Développant l'exponentielle e^{nx}, on a :

$$e^{nx} = 1 + \frac{nx}{1} + \frac{n^2x^2}{1.2} + \frac{n^3x^3}{1.2.3.} + \dots$$

$$\text{et } e^{nx} - 1 = nx + \frac{n^2x^2}{2} + \frac{n^3x^3}{6} + \dots$$

L'auteur ayant pour but de résoudre le problème de la détermination des portées par une simple équation du second degré, supprime dans le carré de $e^{nx} - 1$ les termes supérieurs au 3e degré, et obtient

$x \ tang \ \alpha = \dfrac{yx^2}{2V^2} \left(1 + nx \right)$ ou en général

$$y = x \ tang \ \alpha - \frac{yx^2}{2V^2} \left(1 + nx \right) \quad \text{(A)}.$$

En différentiant cette équation, on obtient :

$$\frac{dy}{dx} = z = tang\ \alpha - \frac{y}{2V^2}\ (2x + 3nx^2)\quad (B),$$

équation qui permet de calculer l'inclinaison de la courbe en un point quelconque.

Pour calculer les portées horizontales pour lesquelles $y = o$, on a :

$$tang\ \alpha = \frac{gx}{2V^2}\ (1 + nx)\quad (C),$$

qui étant résolue par rapport à x, donne :

$$x = \sqrt{\frac{1}{4n^2} + \frac{2V^2\ tang\ \alpha}{gn}} - \frac{1}{2n}\quad (D).$$

L'équation (C) permet également de calculer la vitesse ou l'angle de tir, les autres éléments de la question étant connus.

La durée du mouvement est donnée par l'équation

$$t = \frac{e^{nx} - 1}{nV}\quad (E),\ \text{et la vitesse courante}\ v\ \text{par celle}$$

$$v = \frac{V}{e^{nx}}\quad (F).$$

Les expériences faites en Angleterre ayant démontré que l'expression de la résistance de l'air était imparfaite, Lombard pose $n = 0.3\ \frac{\pi r^2 \delta}{P}$

En comparant l'équation de Lombard à celle de Besout (c') pour le tir sous de petits angles, on voit

qu'on a $\left(e^{nx} - 1\right)^2 > \dfrac{e^{2nx} - 2nx - 1}{2}$, fait que le développement en série rend évident, car

$$n^2 x^2 + n^3 x^3 + \tfrac{7}{12} n^4 x^4 \ldots > n^2 x^2 + \tfrac{2}{3} n^3 x^3 + \tfrac{1}{3} n^4 x^4.$$

La suppression des termes supérieurs au 3e degré, dans l'équation réduite de Lombard, établit une compensation d'erreur, et fait que l'équation (A) donne des résultats assez exacts quand l'angle de projection est très-petit, ou que la vitesse du mobile est assez faible, ou encore que n est très-petit ainsi que x.

En appliquant les équations de Lombard aux expériences sur le tir du fusil, rapportées page 55, observant qu'on a $n = 0{,}002964$,

on trouve $V = \sqrt{\dfrac{gx}{2\,tang\,\alpha}\,(1 + nx)}$

pour $x = 100^m$; $\alpha = 0{,}00331$, $1 + nx = 1.2964$, on a $V = 438^m$ au lieu de 450,

à 300^m on a $tang\,\alpha = \dfrac{1.70 + 0.993}{300} = 0.01898$

et l'on en déduit $V = 382^m7$, ce qui fait voir que la trajectoire de Lombard est beaucoup moins infléchie que la trajectoire réelle.

Pour les canons et obusiers, les différences sont beaucoup moins sensibles, parce que les arcs de trajectoire, comparés à la portée totale, sont beaucoup plus petits et que la trajectoire s'éloigne moins de la parabole, attendu que n est très-petit.

Lombard publia, en 1787, des tables du tir des canons et des obusiers, avec une instruction sur la manière d'en faire usage... Cet ouvrage, basé sur la théorie exposée ci-dessus, laissait beaucoup à désirer au point de vue de l'exactitude, surtout lorsque le tir devait avoir lieu à des distances éloignées. Cependant le travail de Lombard a été pendant longtemps ce qu'on a eu de mieux en balistique. Il faut le dire, les tables de ce genre sont les seules admissibles dans la pratique, celles qu'on trouve dans tous les aide-mémoire d'artillerie démontrent suffisamment cette assertion.

L'équation de Besout, transformée par Poisson, et adoptée par d'Obeinheim, donne :

$$V = \frac{1}{2n} \sqrt{ \frac{y}{tang\ \alpha} \left(c^{2nx} - 2nx - 1 \right) }$$

et si l'on prend, comme l'a fait d'Obeinheim, le coefficient $n = 0.30\ \dfrac{\pi \delta r^2}{P}$ de Lombard, on trouvera pour la balle du fusil $n = 0.002961$, à 100^m $V = 428^m$, et à 300^m $V = 383^m7$ au lieu de 450. Cette formule, comme celle de Lombard, donne donc une trajectoire qui s'éloigne beaucoup de celle de l'expérience.

Pour le tir des bombes, Lombard adopte une méthode proposée par Euler, et qui consiste à calculer la trajectoire par arcs successifs très-petits. A cet effet, on divise la courbe en deux branches, et on place l'origine des coordonnées au sommet, point où l'on a $z = o$, et pour lequel il est facile de trouver la vitesse.

Si l'on considère d'abord la branche descendante, le tir devient horizontal, la vitesse initiale est celle qui a lieu au sommet de la courbe, et z devient négatif. Les équations réellement utiles se réduisent ici à :

$$ds = \frac{dz \sqrt{1 + z^2}}{n\,(2\,C + 2\!\int\!dz \sqrt{1 + o^2})} \quad (11') \text{ et à}$$

$$v^2 = \frac{g\,(1 + o^2)}{n\,(2\,C + 2\!\int\!do \sqrt{1 + o^2})} \quad (15')\ldots \ (\text{pag. } 88).$$

On a d'ailleurs :

$$\int\!dz \sqrt{1 + z^2} = \tfrac{1}{2}\left[z \sqrt{1 + z^2} + (log\ z + \sqrt{1 + z^2}).\right]$$

La constante étant nulle, attendu que $z = o$ à l'origine du mouvement, on a d'ailleurs en ce point $U = \frac{g}{2nC}$.

Les équations ci-dessus servent également pour la branche ascendante, en changeant les signes.

Pour les simplifier, nous ferons :

$$\int\!dz \sqrt{1 + z^2} = \tfrac{1}{2} Z,$$

différentiant on aura $dz \sqrt{1 + z^2} = \tfrac{1}{2} dZ,$

l'équation $ds = \dfrac{dz \sqrt{1 + z^2}}{2n\,(C \mp \int\!dz \sqrt{1 + z^2})}$

devient alors $ds = \dfrac{\mp \tfrac{1}{2} dZ}{n\,(C \mp \tfrac{1}{2} Z)}$

celle $v^2 = \dfrac{g\,(1 + z^2)}{n\,(2\,C \mp 2\!\int\!dz \sqrt{1 + z^2})}$

$$v^2 = \frac{g\,(1 + z^2)}{n\,(2\,C \mp Z)}.$$

Dans ces expressions, le signe supérieur du numérateur et du dénominateur se rapporte à la branche ascendante, et le signe inférieur à la branche descendante.

On sait que la trajectoire a deux asymptotes, l'une inclinée pour la branche ascendante, et l'autre verticale pour la branche descendante. En considérant séparément les deux branches de la courbe, et prenant le sommet pour origine, on voit que chacune de ces branches devient infinie.

Il est évident que pour la branche ascendante la supposition $2C - Z = o$ ou $Z = 2C$ rend la vitesse et le temps infinis, ce qui doit avoir lieu au point de concours de l'asymptote, et alors on a $\frac{1}{2}\left(z\sqrt{1+z^2}+\right.$ $log\left(z+\sqrt{1+z^2}\right)=C$, qui donne la valeur de la tangente de l'angle que fait l'asymptote inclinée avec l'axe des x. On voit d'ailleurs qu'on ne saurait avoir $Z > 2C$, puisqu'alors la valeur de la vitesse et celle du temps deviendraient imaginaires.

La vitesse étant infinie au point de concours de l'asymptote, et la direction du tir étant cette même asymptote, il en résulte que pour un même projectile et une même inclinaison d'asymptote les trajectoires sont semblables. De là résulte que la nature de la trajectoire est indiquée par l'inclinaison de l'asymptote de sa branche ascendante.

Il convient donc, pour connaître la nature de la trajectoire au moyen de son asymptote inclinée, d'avoir une table des valeurs de Z; du moment où l'on connaîtra la valeur de 2C, on aura Z et z et l'inclinaison de l'asymptote de la branche ascendante.

Cette inclinaison de l'asymptote caractérisant les trajectoires, et celles-ci étant semblables du moment où elles ont des asymptotes également inclinées, Euler classe les trajectoires pour une même espèce de projectile en 18 espèces ; à cet effet, il considère les inclinaisons des asymptotes comme variant de 5 en 5° depuis 0°. Toutefois ce n'est qu'un exemple qu'il propose, car l'inclinaison des asymptotes passe par tous les degrés de grandeur depuis 0 jusqu'à 90°.

Lombard pose en principe que pour le tir des bombes les espèces doivent être plus rapprochées, et que celles qui répondent à toutes les valeurs de Z, déduites d'angles au-dessous de 55°, sont inutiles. Lombard considère 12 espèces de trajectoires pour des inclinaisons variant de 2 en 2°, depuis 55° jusqu'à 77°.

On trouvera ci-joint la table des valeurs de z et de $Z = \int dz \sqrt{1 + z^2}$ depuis 0 jusqu'à 90. Les douze valeurs, adoptées par Lombard, sont marquées par une astérisque, et le numéro des espèces de trajectoires se trouve inscrit en regard.

Table des valeurs de z et $Z = \int dz \sqrt{1 + z^2}$.

Degrés.	z	Z	Degrés.	z	Z	Espèces de Lombard.
0	0.0000000	0.0000000	46	1.0355303	1.1984896	
1	0.0174551	0.0174539	47	1.0723687	1.2520116	
2	0.0349208	0.0349278	48	1.1106125	1.3086253	
3	0.0524078	0.0524318	49	1.1503684	1.3686303	
4	0.0699268	0.0699837	50	1.1917336	1.4323614	
5	0.0874887	0.0876001	51	1.2348972	1.5001970	
6	0.1051042	0.1052974	52	1.2799416	1.5725657	
7	0.1227864	0.1230926	53	1.3270448	1.6499519	
8	0.1405408	0.1410022	54	1.3763819	1.7329189	
9	0.1583844	0.1590442	55	1.4281480	*1.8220670	1er
10	0.1763270	0.1772365	56	1.4825610	1.9181512	
11	0.1943803	0.1955766	57	1.5398650	*2.0219938	2e
12	0.2125565	0.2141464	58	1.6003345	2.1345596	
13	0.2308682	0.2329030	59	1.6642795	*2.2569691	3e
14	0.2493280	0.2518877	60	1.7320508	2.3903266	
15	0.2679492	0.2711218	61	1.8040478	*2.536776	4e
16	0.2867455	0.2906277	62	1.8807265	2.697518	
17	0.3057307	0.3104288	63	1.9626105	*2.874904	5e
18	0.3249197	0.3305495	64	2.0503038	3.071501	
19	0.3443276	0.3510153	65	2.1445069	*3.290395	6e
20	0.3639702	0.3718537	66	2.2460368	3.535320	
21	0.3838640	0.3930932	67	2.3558524	*3.810834	7e
22	0.4040262	0.4147237	68	2.4750869	4.122549	
23	0.4244749	0.4368974	69	2.6050891	*4.477441	8e
24	0.4452287	0.4595290	70	2.7474774	4.484250	
25	0.4663077	0.4826944	71	2.9042109	*5.354075	9e
26	0.4877326	0.5064324	72	3.0776835	5.901161	
27	0.5095254	0.5307845	73	3.2708526	*6.544049	10e
28	0.5317094	0.5557952	74	3.4874144	7.307220	
29	0.5543090	0.5815120	75	3.7320508	*8.223564	11e
30	0.5773503	0.6079863	76	4.0107809	9.338073	
31	0.6008606	0.6352732	77	4.3314759	*10.713657	12e
32	0.6248694	0.6634325	78	4.7046301	12.440411	
33	0.6494076	0.6925287	79	5.1445540	14.651100	
34	0.6745085	0.7226311	80	5.6712818	17.547930	
35	0.7082075	0.7538161	81	6.3137515	21.451230	
36	0.7265426	0.7861656	82	7.1153697	26.893180	
37	0.7535540	0.8197899	83	8.1448464	34.811360	
38	0.7812856	0.8547266	84	9.5143645	46.935220	
39	0.8097840	0.8911439	85	11.4300520	67.12291	
40	0.8390996	0.9291388	86	14.3006660	104.2815	
41	0.8692868	0.9688398	87	19.0811370	184.1162	
42	0.9004041	1.0103900	88	28.6362530	412.2915	
43	0.1325151	1.0539469	89	57.2899620	1643.690	
44	0.9656888	1.0996840	90	Infinie.	Infinie.	
45	0.0000000	1.1477934				

Revenons maintenant à nos formules.

Pour la branche descendante à l'origine (*sommet de la courbe*), on a $Z = o$ partant $s = \frac{1}{n} \, log \left(\frac{2C + Z}{2C} \right)$.

Pour construire la courbe à l'aide de cette formule, on supposera la trajectoire partagée en un assez grand nombre de parties, pour qu'à l'extrémité de chacune d'elles la différence d'inclinaison soit fort petite.

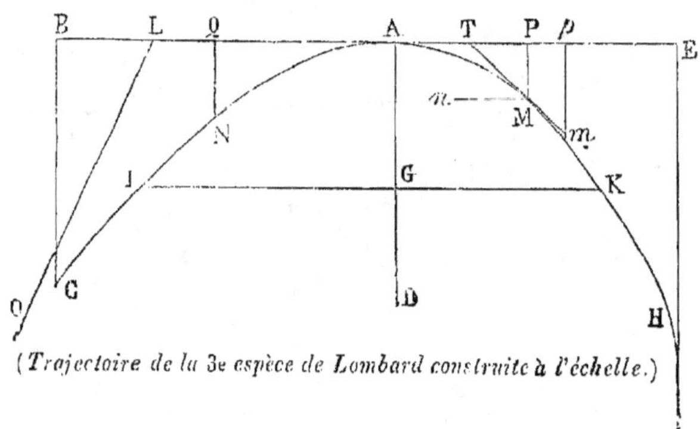

(*Trajectoire de la 3e espèce de Lombard construite à l'échelle.*)

Soit Mm une de ces parties, soit p la tangente de l'angle d'inclinaison en M, q la quantité homologue pour le point m. Si l'on fait $\frac{1}{2} P = \int dp \sqrt{1 + p^2}$, $\frac{1}{2} Q = \int dq \sqrt{1 + q^2}$, on aura $AM = \frac{1}{n} \, log \frac{(2C + P)}{2C}$, $Am = \frac{1}{n} \, log \left(\frac{(2C + Q)}{2C} \right)$, retranchant la 1re équation de la seconde on aura $Mm = \Delta s = \frac{1}{n} \, log \left(\frac{2C + Q}{2C + P} \right)$.

Si l'on prend i pour la tangente de l'inclinaison

moyenne entre p et q, on aura :

$$\mathrm{P}p = \Delta x = \mathrm{M}m \, cosi = \frac{1}{n} \, cosi \, log \left(\frac{2\mathrm{C} + \mathrm{Q}}{2\mathrm{C} + \mathrm{P}} \right)$$

$$pm - \mathrm{PM} = \Delta y = \mathrm{M}m \, sin \, i = \frac{1}{n} \, sin \, i \, log \left(\frac{2\mathrm{C} + \mathrm{Q}}{2\mathrm{C} + \mathrm{P}} \right).$$

Enfin, rassemblant les sommes successives de toutes ces portions, à partir du sommet où l'inclinaison est o, on obtiendra les abcisses et les ordonnées correspondantes pour chaque point M de la branche descendante.

Pour la branche ascendante, on aura de même les coordonnées d'un point quelconque N de la courbe, en changeant les signes de P et de Q.

On sait que les logarithmes que donne le calcul sont 2.302585 plus grands que les logarithmes ordinaires; on peut donc substituer ces logarithmes aux logarithmes de Néper, en sorte qu'un arc quelconque Mm de la branche descendante sera $2.302585 \frac{i}{n} \, Log$ $\left(\frac{2\mathrm{C} + \mathrm{P}}{2\mathrm{C} + \mathrm{Q}} \right)$. Le logarithme ordinaire de 2.302585 est 0.3622156...

Lombard suppose, dans le calcul de ses trajectoires, que la différence d'inclinaison aux extrémités de chaque portion de la branche ascendante ou descendante est de 5°. Ainsi, à l'origine, l'inclinaison est 0°, à l'extrémité du 1er arc elle est de 5°, à celle du 2e arc elle est de 10°, et ainsi de suite.

Dans nos formules, la constante est représentée

par 2C, nous la représenterons à l'avenir par la lettre B. Pour donner une idée complète de la méthode de Lombard, nous allons le suivre dans quelques-uns de ses calculs.

La trajectoire étant supposée de 1re espèce, nous aurons $2C = B = 1.822067$, tableau n° 2.

Branche ascendante.

Angle.	(B—P)	Log (B—P)	$Log\left(\dfrac{B-Q}{B-P}\right)$	Δs
0°	1.8220670	0.2605644	0.0000000	0.0000000
5 (a)	1.7344669	0.2394660	0.0213984	0.0213984
10	1.6448305	0.2161211	0.0230449	0.0444433
15	1.5509452	0.1905865	0.0255346	0.0699779
	etc.	etc.	etc.	etc.

Branche descendante.

Angle.	(B+P)	Log (B+P)	$Log\left(\dfrac{B+Q}{B+P}\right)$	Δs
0°	1.8220670	0.2605644	0.0000000	0.0000000
5 (b)	1.9096671	0.2809577	0.0203933	0.0203933
10	1.9992035	0.3008787	0.0199210	0.0403143
15	2.0931888	0.3208084	0.0199297	0.0602440
	etc.	etc.	etc.	etc.

Multipliant les valeurs de Δs par $\dfrac{1}{n}$ et par 2.302585, on aura la longueur réelle des arcs.

(a) $1.8220670 - 0.9876001 = 1.7344669\ldots$
(b) $1.8220670 + 0.0876001 = 1.9096671\ldots$

Calcul des formules :

$$\Delta x = \frac{1}{n} \cos i \; log \left(\frac{B \mp Q}{B \mp P}\right) \qquad \Delta y = \frac{1}{n} \; sin \; i \; log \left(\frac{B \mp Q}{B \mp P}\right)$$

dans la 1re portion d'arcs, on aura $i = 2^o.30'$, dans la 2^e $i = 7^o.30'$, dans la 5^e $i = 12^o.30'$.

Prenant d'abord les logarithmes tabulaires, on aura :

Branche ascendante.

	Δx	Abscisse AQ	Δy	Ord. QN
0°	0.0000000	0.0000000	0.0000000	0.0000000
5	0.0213780	0.0213780	0.0009334	0.0009334
10	0.0228487	0.0442267	0.0030081	0.0039415
15	0.0249293	0.0691560	0.0055267	0.0094682
	etc.	etc.	etc.	etc.

Branche descendante.

	Δx	Abscisse AP	Δy	Ord. PM.
0°	0.0000000	0.0000000	0.0000000	0.0000000
5	0.0203739	0.0203739	0.0008895	0.0008895
10	0.0197961	0.0401700	0.002602	0.0034897
15	0.0194677	0.0596377	0.0043136	0.0078033
	etc.	etc.	etc.	etc.

En multipliant ces abcisses et ordonnées par 2.302585 et par $\frac{1}{2n}$ on aura leur valeur réelle.

Calcul de la formule $\sqrt{\dfrac{y}{n} \dfrac{\sqrt{1+p^2}}{\sqrt{B \mp P}}}$ qui donne la vitesse au point où la tangente de l'inclinaison est p.

	Branche ascendante.		*Branche descendante.*	
	$Log\ \sqrt{\dfrac{1+p^2}{B-P}}$	Nombre	$Log\ \sqrt{\dfrac{1+p^2}{B+P}}$	Nombre.
0°	9.8697178	0.74083	9.8697178	0.74083
5	9.8820728	0.76221	9.8611770	0.72640
10	9.8985880	0.79175	9.8562092	0.72227
15	9.9197630	0.83131	9.8546520	0.71685
	etc.	etc.	etc.	etc.

multipliant les nombres ci-dessus par $\sqrt{\dfrac{g}{n}}$ on aura les vitesses réelles.

Calcul de la formule qui donne le temps.

L'expression du temps étant inintégrale, on remarquera que chaque arc peut être considéré comme décrit d'un mouvement uniforme et avec une vitesse. moyenne entre celles qui ont lieu au commencement et à la fin de cet arc, soit u cette vitesse, on aura $\Delta s = \Delta ut$, d'où l'on tire :

$$\Delta t = \frac{\Delta s}{u} = \frac{1}{nu}\ log\left(\frac{B\mp Q}{B\mp P}\right).$$

Si l'on prend les logarithmes ordinaires, la formule devra être multipliée par 2.302585.

Cela posé, on a :

$$u = \sqrt{\frac{g}{n}}\left(\frac{\sqrt{\dfrac{1+p^2}{(B\mp P)}}+\sqrt{\dfrac{1+q^2}{(B\mp Q)}}}{2}\right) = h\sqrt{\frac{g}{2n}}.$$

La formule précédente devient :

$$\Delta t = \frac{1}{\sqrt{ng}}\ \frac{1}{h}\ log\left(\frac{B\mp Q}{B\mp P}\right).$$

Branche ascendante.

Angle	h	$Log\ h$	$Log\left(log\dfrac{C-Q}{C-P}\right)$	Δt	t pour AN.
0°	»	»	»	0.0000000	0.0000000
5 (a)	0.75152	9.8759405	8.3303814	0.0284735	0.284735
10	0.77698	9.8904098	8.3625937	0.0296609	0.0581244
15	0.81153	9.9093046	8.4071290	0.3146586	0.0896002
etc.	etc.	etc.	etc.	etc.

Branche descendante.

					t pour AM.
0°	»	»	»	»	»
5 (b)	0.73361	9.8654652	8.3094875	0.0277986	0.0277986
10	0.72433	9.8599365	8.2993111	0.0275027	0.0553013
15	0.71956	9 8570670	8.2995008	0.0276971	0.0829984
etc.	etc.	etc.	etc.	etc.

Les valeurs de Δt et de t doivent être multipliées par 2.302585 et par $\dfrac{1}{\sqrt{ng}}$ pour être obtenues en grandeur réelle.

En continuant ces calculs pour ce qui concerne la première espèce de trajectoire, Lombard a dressé le tableau suivant; ce tableau convient pour tous les calibres, en introduisant la valeur de $\dfrac{1}{n}$ relative à ces mêmes calibres, et en multipliant les valeurs logarithmiques par 2.302585.

(a) Dans la colonne de vitesse on a :
$$\frac{0.74083 + 0.76321}{2} = 0.95152 \text{ etc...}$$

(b) On a évidemment $t = \Delta t + \Delta' t + \Delta'' t...$

N° 3. *Table de la 1ʳᵉ espèce de trajectoire.*

Inclinaison.	Arc AN.	Abscisse AQ.	Ordonnée QN	Vitesse en N	Temps par AN.

Branche ascendante.

Inclinaison.	Arc AN.	Abscisse AQ.	Ordonnée QN	Vitesse en N	Temps par AN.
0°	0.000000	0.000000	0.000000	0.74083	0.000000
5	0.021398	0.021378	0.000933	0.76221	0.028473
10	0.044443	0.044226	0.003941	0.79175	0.058132
15	0.069978	0.069156	0.009468	0.83133	0.089597
20	0.099143	0.096970	0.018238	0.88369	0.123608
25	0.133674	0.128872	0.031452	0.95340	0.161201
30	0.176328	0.166706	0.051147	1.04796	0.203826
35	0.231902	0.213577	0.081008	1.18113	0.253689
40	0.309758	0.275345	0.128404	1.38146	0.314453
45	0.431739	0.365279	0.210813	1.72235	0.393057
50	0.669839	0.526137	0.386358	2.49209	0.506052

Branche descendante.

Inclinaison.	Arc AN.	Abscisse AQ.	Ordonnée QN	Vitesse en N	Temps par AN.
0°	0.000000	0.000000	0.000000	0.74083	0.000000
5	0,020393	0.020374	0.000890	0.72640	0.027799
10	0.040314	0.040170	0.003490	0.71314	0.055380
15	0.060244	0.059627	0.007804	0.71557	0.083182
20	0.080657	0.079095	0.013942	0.71846	0.111651
25	0.102062	0.098870	0.022133	0.72679	0.141272
30	0.125052	0.119263	0.032749	0.74073	0.172603
35	0.150362	0.140610	0.046348	0.76063	0.206320
40	0.178959	0.163297	0.063757	0.78702	0.243275
45	0.212172	0 187784	0.086195	0.82063	0.284594
50	0.251911	0.214631	0.115493	0.86937	0.331818
55	0.301031	0.244533	0.154462	0.91330	0.387143
60	0.363966	0.278348	0.207451	0.97446	0.453820
65	0.448067	0.317181	0.282139	0.04649	0.537049
70	0.565921	0.362282	0.391022	0.12903	0.645394

On pourra dresser ainsi un tableau particulier pour chacune des douze espèces de trajectoires admises par Lombard.

Valeur de n.   Bombes de 32ᶜᵉⁿᵗ· 0.00059007 $log = 4.591145$

$$n = 0.3\pi\delta\,\frac{r^2}{P}$$ de 27 0.00041541 $log = \overline{4}.616385$

dans laquelle

$\delta = 1^k208$.   de 22 0.00060004 $log = \overline{4}.77182$.

Nous terminerons cet exposé par une application de la méthode d'Euler et de la table n° 3.

Soit une bombe de $32^{\text{cent.}}$, pesant 75^k, lancée à 45° et décrivant une trajectoire de 1re espèce, le terrain étant supposé horizontal. On demande toutes les circonstances du tir.

On trouve dans la colonne des vitesses, vis-à-vis de 45°, branche ascendante 1.72225, et l'on a pour la vitesse initiale $V = 1.72225 \times \sqrt{\dfrac{g}{n}} = 251^m47$.

On trouve dans la colonne des abscisses 0.365279, et l'on a pour l'abscisse du sommet de la trajectoire $X = 0.365279 \times 2.302585 \times \dfrac{1}{n} = 2156.^m30$.

La table donne également 0.210813 pour l'ordonnée du sommet de la trajectoire, et la grandeur réelle de cette ordonnée Y est $Y = 0.210813 \times 2.302585 \times \dfrac{1}{n} = 1244.^m4$.

Pour calculer l'abscisse de la branche descendante, on se servira de l'ordonnée du sommet de la trajectoire qui est la même pour les deux branches. On voit tout d'abord que 0.210813 tombe entre 0.207544 et 282139, et que l'angle de chute est de 60° plus une fraction.

Ici se présente une difficulté qui tient à ce que les termes de la table ne sont pas assez rapprochés pour qu'on puisse calculer les valeurs intermédiaires par de simples proportions.

Lombard a recours à une équation d'interpolation

représentant une parabole du 3ᵉ degré qu'il substitue à la trajectoire; il est évident que plus la courbe passera par un grand nombre de points, plus le nombre des valeurs qu'elle embrassera sera grand, plus les résultats qu'elle donnera présenteront de certitude.

Lombard suppose que la courbe d'interpolation passe par quatre points, et embrasse quatre valeurs, deux au-dessus, et deux au-dessous, du nombre qu'on veut calculer; ces quatre valeurs répondant à quatre autres dans une autre série.

Si dans chaque série de valeurs on retranche successivement la plus petite de chacune des autres, on obtiendra huit différences; ainsi, par exemple, pour les abscisses, ces différences seront :

$$o, \ a, \ a', \ a'',$$

et pour les ordonnées

$$o, \ b, \ b', \ b''...$$

L'origine de la courbe sera au point dont les coordonnées seront o.

Cela posé, l'équation d'interpolation étant :

$$x = Ay + By^2 + Cy^3$$

on aura :

$$a = Ab + Bb^2 + Cb^3$$
$$a' = Ab' + Bb'^2 + Cb'^3$$
$$a'' = Ab'' + Bb''^2 + Cb''^3$$

Ces trois équations serviront à déterminer les coëfficients A, B, C... Ces coëfficiens étant connus, si l'on
substitue à la place de y la différence entre l'ordonnée
maximum de la branche ascendante et la plus petite
des quatre ordonnées qu'on considère, on aura pour
valeur de x ce qu'il faut ajouter à la plus petite des
quatre ordonnées qu'on considère, on aura pour valeur de x ce qu'il faut ajouter à la plus petite des
quatre abscisses pour avoir l'abscisse de la branche
descendante de la trajectoire. On voit que cette méthode est fort laborieuse, tandis qu'elle serait très-
facile, si l'on pouvait opérer par de simples proportions (1).

(1) Dans la plupart des cas, l'abscisse de la branche descendante et tout ce qui est relatif à cette même branche, peut s'obtenir très-facilement par des opérations graphiques, qui,
presque toujours, donnent des résultats assez exacts pour la
pratique.

En effet, supposons qu'il s'agisse de déterminer la portée.

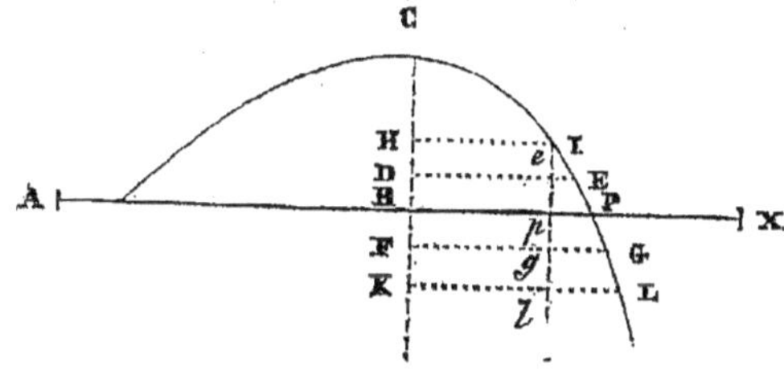

soit AB l'abscisse et BC l'ordonnée du point culminant de la
trajectoire pour la branche ascendante. Il s'agit de déterminer

Pour le tir des mortiers, on peut se contenter d'une courbe d'interpolation du 2° degré, embrassant trois des valeurs qu'on considère dans chacune des deux

le point où la branche descendante rencontre l'axe **AX**, et partant la portée **AP**.

L'ordonnée **BC** devant être commune aux deux branches, sera évidemment comprise entre deux ordonnées de la branche descendante, l'une plus petite, l'autre plus grande. On portera d'abord l'ordonnée la plus courte de C en **D**, et on mènera l'horizontale DE sur laquelle on portera DE égale à l'abscisse de la branche descendante, ce qui donnera un point de la courbe.

Pareillement on fera CF égale à l'ordonnée la plus longue de celles qui encadrent la valeur de BC, on mènera FG parallèle à **AX** et égale à l'abscisse répondant à l'ordonnée **CF**, et on aura un 2e point de la trajectoire.

Joignant les deux points E et G par un arc de courbe, le point P, où cet arc coupera **AX** déterminera la portée.

Pour mieux accuser la forme de la courbe, on pourra construire deux points au-dessus et au-dessous de AX, joignant ces quatre points par un arc de courbe, on aura le point P avec une précision d'autant plus grande que les quatre points I, E, G, G, L seront plus rapprochés.

Pour plus de simplicité, on opérera sur les nombres abstraits que donne le tableau n° 3, amplifiés convenablement. On passera ensuite, des résultats ainsi obtenus aux grandeurs réelles cherchées, en les multipliant par les coëfficients qui s'y rapportent.

Ici, comme dans le cas où l'on fait usage de l'équation d'interpolation, il y aura avantage à n'agir que sur les différences de toutes es abscisses avec la plus petite, HI. Les quantités E*e*, G*g*, L*i* étant assez petites, on pourra se servir d'une échelle séries, et plaçant l'origine de la courbe du point pour lequel on a $x = o$ et $y = o$. L'équation d'interpolation devient alors $x = \mathrm{A}y + \mathrm{B}y^2$. Dans ce cas, soient a, a', b, b', des valeurs connues de x et de y qui satisfont à l'équation, on aura $a = \mathrm{A}b + \mathrm{B}b^2$; $a' = \mathrm{A}b' + \mathrm{B}b'^2$,

d'où l'on tire $\mathrm{B} = \dfrac{ab' - ba'}{bb'\,(b - b')}$ $\mathrm{A} = \dfrac{b}{a} - \dfrac{ab' - ba'}{b'\,(b - b')}$

et partant $x = \left(\dfrac{a}{b} - \dfrac{ab' - ba'}{b'\,(b - b')}\right)y - \dfrac{ab' - ba'}{bb'\,(b - b')}\,y^2.$

On opèrera comme il a été dit tout à l'heure.

En se contentant de l'équation $x = \mathrm{A}y + \mathrm{B}y^2$, et se bornant à lui faire embrasser seulement les deux valeurs qui encadrent celle cherchée dans chaque série, on pourra faire entrer directement ces valeurs dans l'équation et les employer à la détermination des coëfficients A et B.

Pour le cas qui nous occupe, on aura :

$$0.278348 = 0.207451\,\mathrm{A} + \overline{0.207451}^2\,\mathrm{B}$$

$$0.347181 = 0{,}282139\,\mathrm{A} + \overline{0.282139}^2\,\mathrm{B}$$

qui donnent $\mathrm{A} = 1.9949$ et $\mathrm{B} = -2{,}90892$,
en sorte que l'équation d'interpolation devient :

$$x = 1.9449\,y - 2.90892\,y^2,$$

bien plus grande. La quantité Pp qu'on trouvera étant ajoutée à $HI = Bp$ donnera AP.

Ce tracé graphique s'applique évidemment à la détermination de la portée, page 71.

substituant à la place de y, 0.210843

on trouve $x = 0.28073\ldots$

on aura donc :

$$X_2 = 0.28073 \times 2.302585 \times \frac{1}{n} = 1657^m20$$

et pour la portée entière :

$$X_1 + X_2 = 3813^m50.$$

La durée du trajet par la branche ascendante est

$$t_1 = 0.303957 \times 2.302585 \times \frac{1}{\sqrt{nq}} = 14''631.$$

La valeur calculée par x étant fort rapprochée du terme de la table, on pourra éviter ici le travail de l'interpolation et se contenter d'une simple proportion entre les différences; en se basant sur le calcul précédent, on aura :

$$38833 : 2382 :: 83229 : d$$

d'où l'on tire :

$$d = \frac{83229 \times 2382}{38833} = 5105$$

ou 0.005105 partant la valeur relative du temps deviendra :

$$0.453820 + 0.005105 = 0.458925.$$

La durée du trajet par la branche descendante sera donc :

$$t_2 = 0.458925 \times 2.302585 \times \frac{1}{\sqrt{ng}} = 17''083$$

et la durée totale du mouvement $t_1 + t_2 = 31''784$.

La même observation s'applique à la détermination de la vitesse restante, on aura :

$$\frac{2382}{28833} \times 0.07203 = 0.004418$$

et pour la vitesse relative

$$0.97746 + 0.005518 = 0.97888.$$

La vitesse finale est donc

$$U_o = 0.97888 \times \sqrt{\frac{9}{n}} = 155^m23$$

l'angle de chute sera

$$60^o + \frac{2383}{38883} \times 5 \times 60' = 60^o18^1.$$

Le travail de Lombard sur le tir des bombes est encore ce que nous avons de mieux, surtout pour les vitesses moyennes, pour lesquelles la loi de la résistance de l'air s'éloigne peu de celle qu'il a adoptée.

Nous terminerons cet examen rapide de l'ouvrage de Lombard par quelques observations.

Le problème du tir des bouches à feu, comme on sait, présente deux questions importantes à résoudre. La première est celle-ci : étant donné une bouche à feu, une charge de poudre et un projectile, trouver la vitesse imprimée à ce projectile ; en second lieu, étant donné la vitesse du mobile et l'angle de projection, calculer la trajectoire et déduire de celle-ci les règles du tir.

Le moyen le plus naturel et le plus exact de déterminer la vitesse initiale, c'est de la mesurer avec le pendule balistique ; c'est ce qu'on fait aujourd'hui quand il s'agit d'expériences importantes ; mais au temps de Lombard, les pendules employés étaient très-défectueux, et l'usage en était restreint aux petits projectiles seulement.

Pour suppléer à l'action du pendule, Lombard imagina de mesurer les vitesses par l'abaissement du boulet au-dessous de l'axe de la pièce, à une distance assez petite, pour que le temps de la chute dans l'air différât très-peu de celui de la chute dans le vide.

A cet effet, il détermine dans chaque cas, et avec beaucoup de soin, l'angle de tir réel du mobile, en plaçant près de la bouche de la pièce un 1er piquet P.

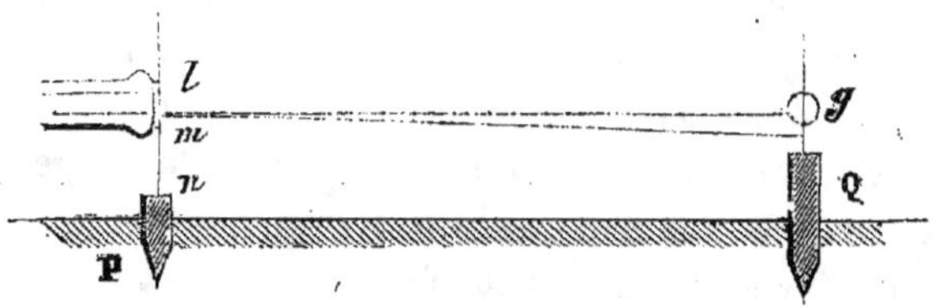

et à 8 ou à 16ᵐ (1) plus loin un 2ᵉ piquet Q de 1ᵐ environ de hauteur, présentant une fente dans laquelle

(1) Dans les expériences de Lombard, la distance PQ était de 4 toises, ou 7ᵐ80, pour les petites charges, et de 8 toises, 15ᵐ59, pour les grandes, afin que la planchette ne fût pas rencontrée par la flamme.

se trouve une règle mince de tilleul ou de peuplier. Le piquet P porte une ligne n parallèle à la fente du piquet Q, et à 8^m de cette même fente. La tranche du canon prêt à tirer est parallèle à cette même ligne n, et y correspond exactement. On mesure la hauteur de la paroi inférieure de l'âme au vide du canon, au-dessus du piquet P, avec une règle graduée ln, et on détermine par un nivellement très-minutieux l'élévation du piquet Q au-dessus du piquet P.

Après le tir, la règle placée au point Q est coupée, et on y voit très-distinctement la trace du bas du projectile.

En ajoutant à l'élévation du piquet Q, au-dessus de celui P, la hauteur de la trace g du bas du boulet, et retranchant de cette somme la hauteur mesurée du bas de la bouche, on avait gi, et partant $tang\ gmi = \dfrac{gi}{mi}$, ici l'arc de la trajectoire est supposé en ligne droite.

Les bouches à feu, mises en expérience, avaient leur axe dirigé horizontalement, l'angle de projection gmi était déterminé, comme il a été dit ci-dessus, par le choc du boulet sur la règle du piquet Q. Le mobile allait ensuite rencontrer le terrain en F. L'abaissement total EF du boulet

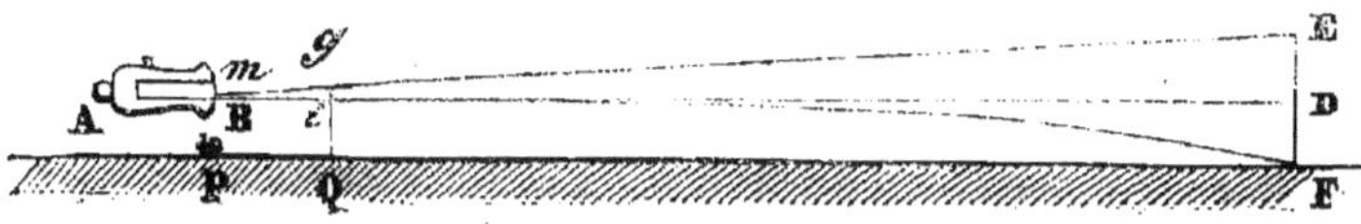

se composait d'une partie DE $= m$D $tang\ gmi$, et d'une partie DF qui s'obtenait par un nivellement.

La formule EF $= \dfrac{gt^2}{2}$ donnait la valeur de t, substituant cette valeur dans la formule (4) $\dfrac{e^{\frac{nx}{}}-1}{nt}$ on en déduisait V $= \dfrac{e^{\frac{nx}{}}-1}{nt}$.

Comme le temps est ici un peu trop faible, la valeur de V est un peu augmentée, mais elle est encore trop petite parce que la loi adoptée pour la résistance de l'air par Lombard est fautive.

Pour faire une application de la méthode de Lombard, supposons un canon de 24 tirant à la charge de 1^k224, soit mD $= 257^m$, $tang\ gmi = 0.0094$, on a DE $= 2^m416$. Supposons DE $= 1^m728$, on aura EF $= 4^m144 = \dfrac{gt^2}{2}$, expérience d'où l'on tire $t = 0''9192$ $= \dfrac{e^{\frac{nx}{}}-1}{n\text{V}}$, et partant V $= \dfrac{e^{\frac{nx}{}}-1}{0,9192\ n}$.

Or, d'après Lombard, on a, page 12,

$$R = \frac{0.3\ \pi r^2 \delta v^2}{g} \text{ et } n = \frac{0.3 \pi \delta r^2}{P} \quad (1)$$

---

(1) Si l'on appelle m la masse du projectile et P son poids, on aura P $= mg$ et $m = \dfrac{P}{g}$. La résistance pour un point matériel sera donc $\dfrac{R}{m} = \dfrac{0.3\ \pi\ r^2\ \delta\ v^2}{P} = nv^2$, et l'on aura $\dfrac{0.3\ \pi r^2 \delta}{P}$.

soit $2r = 0^m1485$, $P = 12^k01$, on trouvera $n = 0.000227$,

$$nx = 013431 \quad log \overset{nx}{e} = nx \, log \, e = 0.1341 \times 0.4343$$

$$= 0.058331, \text{ d'où l'on tire } \overset{nx}{e} = 1.1438, \text{ et partant } \cdot$$

$$V = \frac{0.1438}{0.0005227 \times 0.912} = 299^m20.$$

Nous remarquerons que le boulet a dû nécessairement s'abaisser dans le trajet PQ, ce qui diminue la grandeur de l'angle de tir gmi. Pour tenir compte de cet abaissement, on prendrait la vitesse que nous venons de trouver comme point de départ, et on remarquerait que, dans un trajet de 8^m, on peut considérer cette vitesse comme constante, alors le temps employé à parcourir PQ étant $\frac{8^m}{299.1}$ l'abaissement produit par la pesanteur serait $\frac{9^m809}{2}\left(\frac{8}{299.1}\right)^2 = 0.003505$. Cette augmentation de gi serait à $257^m : \frac{0.003505 \times 257}{8}$ $= 0.1126$; en sorte qu'on aurait $EF = 4^m2566 = \frac{gt^2}{2}$ qui donnerait $t = 0''9316$ et $V = 295^m3$ (Lombard). En prenant cette nouvelle vitesse pour point de départ, on arriverait à une correction d'environ 0^m1 qui peut être négligée.

En opérant ainsi sur les canons et les obusiers, et avec des charges suffisamment rapprochées, Lombard a déterminé les vitesses initiales qui se trouvent dans ses tables de tir; complétant la série des vitesses in termédiaires à l'aide de la proportion, que les vitesses initiales sont proportionnelles aux racines carrées des charges. Analogie qui s'éloigne peu de la vérité quand on opère sur des charges peu différentes l'une de l'autre, mais qui devient fort inexacte, si les termes qu'on compose sont assez éloignés entre eux (1).

Lombard admet ensuite que les vitesses initiales, produites par les différentes espèces de poudre, sont proportionnelles aux racines carrées des portées de l'éprouvette, proportion qui n'est nullement justifiée par l'expérience. De là résulte, qu'il n'y a d'exactes dans les tables de Lombard, que les vitesses qu'il a calculées directement. Le diamètre du projectile étant toujours un peu plus faible que celui de l'intérieur de la pièce, il arrive que le projectile peut y balotter, et qu'il ne sort jamais exactement suivant la direction de l'axe. C'est pour ce motif que Lombard a mesuré pour chaque coup tiré l'angle de départ réel du projectile. Toutefois cette mesure n'est pas complétement exacte, car elle suppose que le projectile à son départ porte exactement sur la paroi inférieure, ce qui n'a jamais lieu. Le premier piquet aurait dû porter une règle comme celui Q, et être placé à une distance suffisante du canon pour que sa règle ne fut

(1) Hutton est le premier qui ait posé la proportion que les vitesses initiales sont proportionnelles aux racines carrées des charges divisées par les racines carrées du poids des projectiles. Proportion qui se vérifie dans certaines limites, surtout quand il n'y a pas de déperdition de gaz par le vent et par la lumière.

point dérangée par le choc des gaz. La direction du
boulet aurait été donnée d'une manière parfaitement
exacte, par les empreintes laissées sur les deux règles (1).

Comme dans les applications de la balistique, il s'a-
git toujours de faire passer la trajectoire par le but
qu'on veut atteindre, on conçoit toute l'importance
que les praticiens ont dû accorder à la détermination
de la courbe décrite par les projectiles. Tandis que la
détermination des vitesses initiales ne leur paraissait
que secondaire. Attendu qu'en attribuant aux mobiles
une vitesse plus faible que celle qu'ils avaient réellement, les tables de tir de Lombard donnaient des résultats presque confirmés par l'expérience. C'est
ainsi qu'autrefois, quand on se servait de la théorie
parabolique, on déduisait de cette théorie des vitesses
beaucoup trop faibles, mais qui, étant introduites dans
les calculs, donnaient des portées assez exactes.

Pendant longtemps deux opinions contraires se sont
trouvées en présence : suivant les uns, il fallait déterminer les vitesses initiales d'après les portées; et,
d'après les autres, il fallait trouver les vitesses initiales avec le pendule balistique, et calculer les por-

(1) Aujourd'hui on remplace les règles de Lombard par deux
lunettes en fer ou en bois, portant une planchette très-mince
revêtue d'une mince lame de plomb. Le boulet, en perçant les
deux lunettes, laisse deux empreintes parfaitement exactes qui
déterminent ainsi deux points de la trajectoire.

tées d'après ces mêmes vitesses. On conçoit que les résultats eussent été les mêmes, si l'on eut connu la véritable loi de la résistance de l'air, mais il n'en était point ainsi, c'est pour cette raison que la 2ᵉ méthode a dû prévaloir.

En effet, Hutton en opérant sur le pendule balistique, et faisant varier la charge et les distances du tir, a déterminé non-seulement les vitesses initiales, mais encore les vitesses restantes suivant l'éloignement du but, et par suite, la loi du décroissement des vitesses par l'effet de la résistance de l'air. Il est à regretter que Lombard, qui avait connaissance des travaux de Hutton, n'ait pas songé à s'en servir pour la rédaction de ses tables de tir.

Parmi les différentes expériences qui ont été faites sur les effets de la poudre dans les armes à feu, et particulièrement sur la mesure de la résistance de l'air et des vitesses restantes des mobiles aux différentes distances, aucun travail ne me paraît plus complet que celui de Hutton. Une partie de l'existence du savant docteur anglais a été consacrée à cet objet important, et ses ouvrages feront encore pendant longtemps le fondement le plus solide de la balistique expérimentale.

En appelant μ le coéfficient variable de la résistance de l'air, d'après Hutton, page 15, les équations du mouvement données précédemment deviennent :

$$1° \quad v = \frac{V}{1 + n\mu V t} \quad \text{ou} \quad t = \frac{\dfrac{V}{v} - 1}{n\mu V}$$

$$2° \quad e^{\frac{n\mu x}{}} = \frac{V}{v} \quad \text{ou} \quad v = \frac{V}{e^{\frac{n\mu x}{}}}$$

$$3° \quad t = \frac{e^{\frac{n\mu x}{}} - 1}{n\,\mu V}$$

La quantité μ étant variable avec la vitesse du mobile, il n'est pas possible de se servir de ces formules comme l'a fait Lombard; mais si l'on suppose la portée x partagée en intervalles égaux $\mathbf{A}x$, assez petits, on aura $v = \dfrac{V}{e^{\mu\,n\mathbf{A}x\mu,}}$ ayant une valeur moyenne entre celles qui se rapportent à V et à v.

A l'aide de cette formule, on calculera la vitesse restante au bout de l'intervalle $\mathbf{A}x$, puis, prenant la vitesse calculée pour vitesse initiale, on trouvera, à l'aide de la même formule la vitesse, restante au bout du 2e intervalle : ayant soin de prendre pour μ la valeur moyenne entre celles qui conviennent à la vitesse initiale et à la vitesse restante relatives à l'intervalle qu'on considère. Opérant ainsi d'un intervalle à un autre, on arrive ainsi aux portées les plus étendues et à la limite extrême du décroissement de la vitesse, c'est en opérant de cette manière que nous avons dressé la table no 4.

Table de tir déduite des expériences de Hutton.

Table n° 4.   Par M. THIROUX, chef d'escadron d'artillerie.

nx	Vitesse	Différences.	$\dfrac{l}{\Delta x}$	Différences.	nx	Vitesse	Différences.	$\dfrac{t}{\Delta x}$	Différences.
	mètres.	mètres.				mètres.	mètres.		
0.	579 00	0	0	0	0.275	333.90	15.86	0.00298	13
0.025	550.14	28.86	0.00177	0	0.300	319.04	14.46	0.00306	13
0.050	522.46	27.68	0.00186	9	0.325	305.13	13.91	0 00320	14
0.075	496.08	26.38	0.00196	10	0.350	292.05	13 08	0.00335	15
0.100	471.01	25.07	0.00207	11	0.375	279.77	12.28	0.00350	15
0.125	447.37	23.64	0.00218	11	0.400	268.20	11.57	0.00365	15
0.150	425.14	22.23	0.00229	11	0.425	257.26	10.94	0.00381	16
0.175	404.30	20.84	0.00241	12	0.450	246.93	10.33	0.00397	16
0.200	884.82	19.48	0.00254	13	0.475	237.15	9.78	0.00413	16
0.225	366.67	18.15	0.00267	13	0.500	227.89	9.26	0.00430	17
0.250	349.76	16.91	0 00280	13					

VALEURS DE		Différences.	$\dfrac{\Delta t}{\Delta x}$	Différences.	VALEURS DE		Différences	$\dfrac{\Delta t}{\Delta x}$	Différences.
nx	vitesses				nx	vitesses			
	mètres.	mètres.				mètres.	mètres.		
0.55	210.77	17.12	0.00456	26	1.45	57.70	4.15	0.01674	113
0.60	195.46	15.31	0.00492	36	1.50	53.83	3.87	0.01794	120
0.65	181.44	14.02	0.00531	39	1.55	50.24	3.59	0.01923	129
0.70	168.48	12.96	0.00572	41	1.60	46 90	3.34	0.02061	138
0.75	156.26	12.22	0.00616	44	1.65	43.79	3.11	0.02208	147
0.80	145.26	11.00	0.00663	47	1.70	40.89	2.90	0.02365	157
0.85	135.02	10.24	0.00714	51	1.75	38.18	2.71	0.02533	168
0.90	125.56	9.46	0.00767	54	1.88	35,66	2.52	0.02712	179
0.95	116.86	8.70	0.00824	57	1.85	33.31	2.35	0.02900	188
1.00	108.79	8.07	0 00885	61	1.90	31.12	2.19	0.03108	208
1.05	101.29	7.50	0.00951	66	1.95	29.07	2.05	0.03327	291
1.10	94.31	6.98	0.01022	71	2.00	27.16	1.91	0.03558	213
1.15	87.85	6 46	0.01098	76	2.10	23.70	3.46	0.03944	386
1.20	81.85	6.00	0 01180	82	2.20	20 69	3.01	0.04516	575
1.25	76.28	5.57	0.01273	88	3.30	18.06	2.63	0.05177	658
1.30	71.10	5.18	0.01361	94	2.40	15.76	2.30	0.05932	755
1.35	66.51	4.79	0.01455	100	2.50	13.76	2.00	0.06796	864
1.40	61.85	4.46	0.01561	106					

Vérification de calcul : on a pour une vitesse de 579ᵐ $\mu = 2.03$ (page 15), pour la vitesse de 550ᵐ14 $\mu = 2,06$, dont la moyenne est 2.045.

Mais on a $v = \dfrac{579}{e^{0.025 \times 2.045}}$ et partant $v. = 550$ᵐ14 qu'on a du calculer provisoirement la valeur de v pour avoir celle de μ qui donne exactement $V = 550$ᵐ.

Table n° 5.   *Valeurs de* n *et de* Ax.

Calibres.	0.86 n	Ax	2Ax	Calibres.	0.86 n	Ax	2Ax
boulets.		m		obus.		m	
30	0.00034478	72.52	145.04	22	0.0004300	58.14	116.28
24	0.00037454	66.75	133.50	16	0.0004833	51.73	103.54
16	0.00042654	58.61	117.22	15	0.0005818	42.68	85,36
12	0.00047030	53.16	106.32	12	0.0006681	37.41	74.82
8	0.00043937	46.35	92.70	bombes.			
balles.				32	0.0002795	89.43	178.86
0.0167	0.00212191	11.782	23.564	27	0.0002963	84.38	168.76
—	0.00217125	11.514		22	0.0001300	58.14	116.20

Les valeurs de n de cette table sont les 40.333 de celles données pages 21 et 22...

USAGE DE LA TABLE N° 4.

Cette table permet de calculer immédiatement, et par de simples proportions et des additions, la vitesse restante et la durée du mouvement à une distance donnée.

Supposons qu'on demande la vitesse restante d'un boulet de 12 animé d'une vitesse initiale de 485m à la distance de 1000m.

On remarquera d'abord que la vitesse donnée est comprise entre 496m08 et 471m01. La différence entre la plus forte vitesse et celle donnée est 11m08. La différence entre les vitesses de la table est de 25m07, on aura donc pour la cote du point où l'on commence à considérer le mouvement $= 0075 + \dfrac{11.08}{25.07} 0.025 : 0075 + 0.01105 = 0.08605$.

Le mouvement ayant lieu dans une étendue de 1000m, on a $nx = 0.4703$.

Ajoutant à cette quantité la cote de l'origine du mouvement, on obtiendra 0.55635 pour celle à laquelle correspond la vitesse finale.

Or, cette cote est comprise entre 0.55 et 0.60. La vitesse cherchée est donc comprise entre 210.77 et 195.46. On trouvera $210.77 - \dfrac{0.00635}{0.05} 15.31 = 208m83$.

On obtiendrait la vitesse initiale répondant à une vitesse finale et une portée donnée, par un procédé analogue et inverse.

Pour avoir la durée du mouvement, on prendra la somme de $\dfrac{A t}{A x}$, à partir de l'origine et jusqu'à la fin du mouvement.

On calculera par les parties proportionnelles les fractions de $\dfrac{A t}{A x}$ qui s'y rapportent, et l'on aura: $t = (0.05280 + 0.00091) 53m16 + (0.00456 + 0.00062) 106.32 = 3''409$.

Etant donnés la vitesse initiale et la durée du mouvement, on peut trouver la vitesse finale et la portée...

Dans la pratique et quand le temps ne servira pas au calcul de la trajectoire, on pourra négliger les fractions de $\dfrac{A t}{A x}$ qui n'ont presqu'aucune importance.

Observations sur la formation des tables n°s 4 et 5.

Les valeurs de nx étant des nombres abstraits in-
dépendants des calibres, la table n° 4 est applicable à
tous. Nous avons d'abord procédé par différences :
$n\mathrm{A}_1 x = 0,025$ pour les grandes vitesses jusqu'à
$nx = 0.500$ qui correspond aux vitesses moyennes.
A partir de ce point, nous avons fait $n\mathrm{A}_2 x = 0.05$
jusqu'à la valeur $nx = 2.00$. Enfin la table a été prolongée jusqu'à $nx = 2.500$, en faisant $n\mathrm{A}_3 x = 0.1$.
Par ce moyen, les valeurs sont assez rapprochées les
unes des autres, pour qu'on puisse y faire des intercalations par de simples proportions.

La durée du mouvement pour un intervalle $\mathrm{A}x$ est
évidemment donnée par $\mathrm{A}t = \dfrac{e^{n\mu.\mathrm{A}x} - 1}{n\mu.\mathrm{V}}$

qui donne $\dfrac{\mathrm{A}t}{\mathrm{A}x} = \dfrac{e^{n\mu.\mathrm{A}x} - 1}{n\mu.\mathrm{V}\mathrm{A}x}$ expression générale indépendante du calibre, $n\mathrm{A}x$ étant un nombre abstrait.

et partant $\mathrm{A}t = \mathrm{A}x \left(\dfrac{e^{n\mu.\mathrm{A}x} - 1}{n\mu.\mathrm{A}x} \right)$:

or on a : $e^{n\mu.\mathrm{A}x} = \dfrac{\mathrm{V}}{v}$ et $n\mu.\mathrm{A}x = log \dfrac{v}{\mathrm{V}}$

il viendra donc $\mathrm{A}t = \mathrm{A}x \left(\dfrac{\mathrm{V} - v}{\mathrm{V}v \, log \frac{\mathrm{V}}{v}} \right)$. Les logarithmes

étant ceux que donne le calcul.

La table n° 4 renferme la valeur des temps élémen-taires, ou plutôt le rapport $\dfrac{At}{Ax}$, en sorte que la du-rée du mouvement, pour un espace donné, devient égale à la somme des rapports $\dfrac{At}{Ax}$, multipliée par Ax.

Quant à la grandeur réelle de Ax répondant à un projectile donné, on a $nA_1x = 0.025$, $nA_2x = 0,05$, ou $nA_3x = 0.1\ldots$, suivant la partie de la table qu'on emploie, on a alors $A_1x = \dfrac{0.025}{n}$, $A_2x = 2Ax$, $A_3x = 4Ax\ldots$

La durée du mouvement est donnée par la formule $t = \dfrac{\frac{V}{v} - 1}{n\mu V}$, multipliant haut et bas par x et rempla-çant $n\mu x$ par sa valeur $log\,\dfrac{V}{v}$, on a :

$$t = \frac{x\left(\dfrac{V}{v} - 1\right)}{n\mu x V} = \frac{x\left(\dfrac{V}{v} - 1\right)}{V\,log\,\dfrac{V}{v}}$$

Cette expression fait voir que les intervalles que doi-vent parcourir deux mobiles doués de la même vi-tesse, pour avoir la même vitesse restante, sont pro-portionnels aux temps, c'est-à-dire qu'on a :

$$t : t' :: x : x'.$$

La formule $t = \dfrac{x\left(\dfrac{V}{v} - 1\right)}{V\,log\left(\dfrac{V}{v}\right)}$, supposant implicitement l'emploi d'une valeur moyenne de μ, donne des résultats un peu plus faibles que ceux qu'on déduirait de la valeur de t, calculée par intervalles.

Il est généralement admis que la valeur de n, en supposant $I = \frac{1}{2}$, page 11, doit être celle adoptée par Besout, qui, d'après nos notations, devient :

$$n = 0.25 \, \pi\delta \, \frac{r^2}{P}$$

Pour vérifier la table déduite des expériences de Hutton, nous prendrons la balle du fusil d'infanterie pour laquelle on a

$$P = 0^k 02681, \; r = \frac{0^m 0167}{2}, \; \delta = 1^k 208.$$

on trouvera $n = 0.00246735$.

Pour $x = 600^m$, $nx = 1.480$. La vitesse initiale de la balle avec la charge de $9^{grammes}$ a été trouvée de 346^m à l'aide du pendule balistique, nous l'avons portée à 450^m, en nombre rond, dans les calculs que nous avons entrepris page 54. Ici notre table contient la vitesse de $447^m 37$ plus voisine de l'expérience que celle de 450^m. Nous prendrons $447^m 37$ pour vitesse initiale de la balle du fusil.

La vitesse 447.37 répondant à la valeur de $nx = 0.125$, et qui doit être notre zéro. $0.125 + 1.480 = 1,605$ marquera la valeur de nx à laquelle répond la vitesse restante.

La valeur 1.605 étant comprise entre 160 et 1.65,

et différant de 1.60 de 0.005 de $n\mathrm{A}_2 x$, on aura :

$$v = 46^m00 - \frac{3.34}{10} = 46^m57.$$

Cette vitesse restante est évidemment trop faible. Il est d'expérience que les balles de fusil sont encore meurtrières à 600^m, et elles ne le seraient pas, si elles n'avaient qu'une vitesse restante de 46^m57.

On pourrait objecter que, le tir au pendule fait connaître, qu'il y a environ $\frac{1}{10}$ des balles dont la vitesse est au moins de 25^m plus grande que la moyenne, et qu'il n'y a peut-être que ces balles à grande vitesse, qui percent les panneaux qui servent de but, et qui soient réellement meurtrières.

Si nous supposons que la vitesse des balles qui ont percé le panneau ait été de 474^m, on voit que la vitesse restante correspondrait à $0.100 + 1.480 = 1.580$, et serait comprise entre 50^m24 et 46^m90, et égale à $50^m24 - 0.6 \times 334 = 48^m20$, valeur encore insuffisante.

La durée du mouvement se compose ici de deux parties, une première partant de $nx = 0.250$ allant jusqu'à $nx = 0.50$ et donnant 0.0485, et une 2e partie de $nx = 0.50$ et allant jusqu'à 1.605 et donnant 0.25108.

Dans l'hypothèse de $n = 0.0024674$, on a $\mathrm{A}_1 x = \frac{0.025}{0.0024674} = 10.133 \ \mathrm{A}_2 x = 20.266$.

On a donc $t = 0.0486 \times 10^m133 + 0.24108 \times$

20.266 $=$ 5″376..... quantité beaucoup trop forte, page 62.

D'après l'hypothèse de Lombard, on a $x\ tang\ \alpha = \frac{gt^2}{2}$, ou $tang\ \alpha = \frac{gt^2}{2x}$ qui donne $\alpha = 13°18$ environ; or, il est d'expérience que la portée dont il s'agit ici est obtenue sous l'angle de 4 à 5°.

Il me semble résulter de ces calculs qu'il y a erreur dans l'application habituelle qu'on fait du coëfficient de Besout.

Je suis d'autant plus porté à le croire, que Newton Besout, et Hutton lui-même, supposent implicitement $\mu = 1$ pour les petites vitesses, et prennent 0.25 pour coëfficient constant de la résistance de l'air sur les projectiles sphériques, tandis que s'il eut été nécessaire d'admettre $\mu = 1.36$ pour une vitesse de 31^m, on aurait été conduit tout d'abord, et dans les applications les moins importantes, à augmenter ce coëfficient d'environ $\frac{1}{3}$.

D'après ces considérations, je poserai que le coëfficient qui convient aux expériences de Hutton ne doit être que les 0.86 ou 0.88 de celui de Besout. Par ce moyen, on aura pour la vitesse de 31^m et le coëfficient 0,88, $0.88 \times 1,36 = 1.1968$, et si l'on multiplie ce résultat par 0.25, on obtiendra 0.2992 au lieu de 0.3 admis par Lombard et d'Obeinheim, et qui convient assez bien pour les petites vitesses, ainsi que je l'ai constaté moi-même dans plusieurs occasions.

On aura d'après ces idées :

$$n' = \left.\begin{array}{l} 0.86 \\ 0.88 \end{array}\right\} \; n = \begin{array}{l} 0.86 \\ 0.88 \end{array} \frac{0.25\pi\delta r^2}{\mathrm{P}} = \left\{\begin{array}{l} 0.21 \\ 0.22 \end{array}\right. \frac{\pi\delta r^2}{\mathrm{P}}.$$

En appliquant le coëfficient 0.86 à l'exemple ci-dessus, la vitesse finale répond alors à $0.125 + 1.2728 = 1.3978$, ce qui la porte à $61^{\mathrm{m}}63$, valeur admissible.

Pour la durée du mouvement à 600^{m}, on a

$$\mathrm{A}x = \frac{10.133}{0.86} = 11.782 \,; \; \mathrm{A}_2 n = 23^{\mathrm{m}}564,$$

et $t = 0.0486 \times 11.782 + 0.1625 \times 23.564 = 4''283$ quantité encore un peu trop forte.

La table n° 5 a été calculée dans l'hypothèse de $n' = 0.86 \; n = \dfrac{0.21 \, n\delta r^2}{\mathrm{P}}.$

La formule $t = \dfrac{x\left(\dfrac{\mathrm{V}}{v} - 1\right)}{\mathrm{V} \, log\left(\dfrac{\mathrm{V}}{v}\right)} = \dfrac{x\,(\mathrm{V} - v)}{\mathrm{V}v \, log\left(\dfrac{\mathrm{V}}{v}\right)}$ donne dans

ces cas $t = 4''265.$

Utilité des tables 4 et 5.

Les tables précédentes, combinées avec les équations de Besout, et celles que nous avons données tout à l'heure, fournissent le moyen de calculer l'angle de tir ou l'ordonnée de la trajectoire pour une portée connue, lorsque la vitesse initiale est donnée : problème le plus important dans la pratique du tir, attendu qu'il permet de construire la trajectoire par points :

En remplaçant n par $n\mu$, les formules de Besout deviennent :

$$y = x \, tang \, \alpha - \frac{g}{4n^2 b^2 \mu^2 V^2 \, cos^2 \alpha} \left(e^{\frac{2n\mu bx}{}} - 2n\mu bx - 1 \right)$$

$$z = tang \, \alpha - \frac{g}{2nb\mu \, V^2 \, cos^2 \alpha} \left(e^{\frac{n\mu bx}{}} - 1 \right)$$

$$t = \frac{1}{n\mu b \, V \, cos \, \alpha} \left(e^{\frac{n\mu bx}{}} - 1 \right)$$

Lorsque le tir a lieu sous de petits angles, on a $b = 1$, et sensiblement $cos \, \alpha = 1$, et partant :

$$y = x \, tang \, \alpha - \frac{g}{4n^2 \mu^2 V^2} \left(e^{\frac{2n\mu x}{}} - 2n\mu x - 1 \right) \quad \text{(L)}$$

$$z = tang \, \alpha - \frac{g}{2n\mu V^2} \left(e^{\frac{2n\mu x}{}} - 1 \right) \quad \text{(M)}$$

$$t = \frac{1}{n\mu V} \left(e^{\frac{n\mu x}{}} - 1 \right) \quad \text{(N)}.$$

L'impossibilité d'introduire à la place de μ une valeur exacte, nous conduit à éliminer la quantité $n\mu$.

A cet effet, nous aurons recours à la formule $v = \dfrac{V}{e^{n\mu x}}$ qui donne $e^{n\mu x} = \dfrac{V}{v}$, et $n\mu x = log \dfrac{V}{v}$. L'équation N fournit $n\mu V = \dfrac{1}{t} \left(e^{n\mu x} - 1 \right)$.

Substituant dans l'équation (L) on a, en mettant à la place de $e^{n\mu x}$ sa valeur :

$$y = x \ tang \ \alpha - \frac{g t^2}{4 \left(\dfrac{V - v}{v}\right)^2} \left(\frac{V^2}{v^2} - 2 \ log \ \frac{V}{v} - 1\right) \quad (O)$$

mais à cause de $t = \dfrac{x (V - v)}{V v \ log \dfrac{V}{v}}$,

on obtient cette autre forme qui dispense de calculer le temps.

$$y = x \ tang \ \alpha - \frac{g x^2}{4 V^2 \left(log \dfrac{V}{v}\right)^2} \left(\frac{V^2}{v^2} - 2 \ log \ \frac{V}{v} - 1\right) \quad (P)$$

$$z = tang \ \alpha - \frac{g t (V + v)}{2 V v} \ \text{ou plutôt}$$

$$z = tang \ \alpha - \frac{g x (V^2 - v^2)}{2 V^2 v^2 \ log \left(\dfrac{V}{v}\right)}.$$

Il semblerait que ces formules dussent donner les mêmes résultats que celles dans lesquelles le temps entre comme élément, mais il n'en est point ainsi, parce qu'à la place de la courbe que forment les diverses valeurs de μ, on a pris implicitement une valeur moyenne, ce qui équivaut évidemment à une diminution dans le coëfficient de la résistance de l'air. Cette observation s'applique à la valeur de t

lorsqu'elle comprend un certain nombre d'intervalles.

Le tir du fusil d'infanterie peut être considéré
comme la pierre de touche de toutes les théories balistiques; le mobile étant d'un faible calibre et doué
d'une grande vitesse, éprouve une très-grande résistance de la part de l'air; et, si l'angle de projection
est assez élevé, la branche descendante de la trajectoire s'infléchit beaucoup par l'effet de la diminution
de la vitesse de translation, et si la courbe n'est pas
représentée avec une certaine exactitude par l'équation qu'on emploie, les résultats que donne celle-ci
s'éloignent de plus en plus de l'expérience.

Appliquons donc l'équation

$$y = x \, tang \, \alpha - \frac{gt^2}{4 \left(\frac{V - v}{v} \right)^2} \left(\frac{V^2}{v^2} - 2 \, log \, \frac{V}{v} - 1 \right) \quad (0)$$

au tir du fusil d'infanterie en nous servant de la table
nº 4, soit $V = 447^m 37$ et $tang \, \alpha = 0.00331$. Adoptons
d'abord le coëfficient 0.86 qui est celui de la table
des valeurs de n.

A 100^m on aura $nx = 0.2122$ en nombre rond, et
pour le reste auquel correspond la vitesse restante;
$0.125 + 0.2122 = 0.3372$, on trouve $v = 298^m 75$
environ, puis $t = 0.02353 \times 11.782 = 0.27723$ dont
le logarithme est $\overline{1}.432841$. Effectuant les substitutions et calculs, on trouve $y = 0^m 0002$ au lieu de 0.

A 200^m on a $nx = 0.4244$, la vitesse restante correspond à 0.5494, cette vitesse est de 210^m98, et l'on a $t = 0.05762 \times 11.782 = 0.67888$, dont le logarithme est $\overline{1}.831792$.

Le calcul donne $y = -1.1327$ au lieu de -1.15?

A 300^m on trouve $v = 153^m71$, $t = 1.23864$, log $t = 0.092946$ et $y = -4.506$ au lieu de 4^m70.

A 400^m on a $v = 113^m02$, $t = 1.9998$, $log\ t = 0.300978$, $y = -12^m021$ au lieu de 12^m40. Le tir du fusil est tellement incertain à cette distance, qu'il n'est pas possible d'affirmer laquelle des deux cotes est la plus exacte.

A 600^m, $v = 62^m02$, $t = 4''4285$, $log\ t = 0.646247$, $y = -58^m65$ et $tang\ ^\alpha = 0.09775$ répondant à $\alpha = 5^{\circ}35'$ environ, quantité un peu forte, car il est d'expérience que les balles de fusil sont portées à 600^m sous l'angle de 4 à 5°, à moins qu'on n'admette comme il a été dit page 124, que les balles qui ont la plus grande vitesse initiale, sont les seules qui arrivent au but sous cet angle, et qui percent les panneaux.

Si l'on voulait rapprocher davantage la trajectoire des résultats de l'expérience sans changer la vitesse initiale moyenne, il faudrait adopter le coëfficient 0.88 au lieu de celui de 86, dans ce cas on aurait : $A_1 x = 11.514$.

A 100^m, $v = 296^m18$, $t = 0''2785$ $log\ t\ \overline{1} = .444862$ et $y = -0^m0028$ au lieu de 0,

A 200^m on a $v = 207.94$, $t = 0''6856$, $log\ t = \overline{1}.846108$ et $y = -1.1615$ au lieu de -1^m15.

A 400^m $v - 109.84$, $t = 2''0347$, $log\ t = 0.308487$,

$y = -12.417$, au lieu de 12.40. La coïncidence est, comme on voit, très-remarquable, mais au delà la trajectoire s'infléchit peut-être un peu trop.

En effet, à 600^m $v = 50^m55$, $t = 4.555$ $log\ t = 0.658482$, $y = 61^m606$, $tang\ \alpha = 0.1078$ et $= 5°52'$.

Du reste, dans une série donnée d'expériences, on fera varier le coëfficient de manière à faire coïncider la courbe avec les points obtenus, tout en conservant la vitesse moyenne sans altération.

Pour faire une application de la table n° 4 au calcul des vitesses, par la méthode de Lombard, prenons l'exemple donné, dans lequel on a $x = 257^m$. $t = 0''9316$, $V = 295^m3$.

$$\text{On aura } \frac{t}{\Delta nx} = \frac{0.9316}{66.75} = 0,13956 \quad \frac{x}{\Delta nx} = 385.$$

Après différents essais on trouve $V = 300^m$ en nombre rond, quantité inférieure à la vitesse réelle.

Dans l'exemple cité, l'angle de relèvement du projectile était de $33'48''$, et l'on conçoit facilement que le boulet étant sorti du canon en remontant, ne touchait pas la paroi inférieure de l'âme.

Pour apprécier l'importance de cette cause d'erreur, supposons que le bas du boulet se soit trouvé à 4 mil. au-dessus du point de départ adopté par Lombard, et qui est assurément un maximum, l'abaissement du boulet à 8^m devra être diminué de ces 0.004, et à 257^m de 0^m1285 ; mais le point de départ a été relevé de 0^m004, en sorte qu'on aura EF =

$4^m 0197$ et $t = 0''9053$ $v = 303^m 9$ un nombre rond.

Effectuant la correction en augmentant EF de l'abaissement du boulet dans le trajet de 8^m, on trouve EF $= 4^m 1289$, $t = 0''9175$, V $= 299.8$, au lieu de $295^m 3$; on trouverait à l'aide de la table 4, V$=305^m 13$.

On voit par cet exemple que les erreurs qui résultent de la méthode de Lombard, quant à la détermination du point de départ du boulet, se réduisent à très-peu de chose, soit parce que l'angle de départ des projectiles est généralement beaucoup plus petit que $33'48''$, soit parce que le relèvement de 4 mil. est une exagération qui ne peut guère se présenter dans la pratique.

Lombard trouve que le canon de 24, tiré à la charge de $5^k 874$ (12 livres), donne au boulet une vitesse de 497^m par seconde, dans cette expérience il y a eu un angle d'abaissement de $3'18''$ seulement, on trouve $t = 0''5524$ et $\dfrac{t}{Ax} = 0,008275$ $\dfrac{x}{An} = 3.85$ et V$=522^m$ en nombre rond.

Appliquons encore la formule au tir sous de petits angles, et prenons pour 2e exemple, une série de 48 coups de canon de 16 tirés à la charge de $1^k 333$, et sous l'angle constant de $1° 3'45''$, dont la tangente est de 0.01853.

Dans ces expériences qui ont eu lieu à Metz, les points d'impact ont été relevés à l'aide de réseaux en ficelle qui permettaient d'opérer avec une grande exactitude.

La vitesse initiale moyenne des boulets paraît avoir été comprise entre 406 et 404^m. Nous prendrons 404^{m}30 pour vitesse initiale ; cette vitesse étant une des vitesses données dans la table n° 4, nous adopterons le coëfficient 0.88.

		Les distances étant.	0	100	200^m	400^m
Ordonnées.	{	Observées.	0	1.617^m	2.412	1.437^m
	{	Calculées.	0	1.530	2.301	1.331
		Différences en moins.	0	0.087	0.101	0.106

Si l'on prenait la série de 100 coups dont il a été question, page 53, on aurait :

		Distances.	0	200^m	400^m	600^m	668.8^m
Ordonnées.	{	Observées.	0	3.917	4.305	—0.003	—2.749^m
	{	Calculées.	0	3.781	4.291	—0.102	—2.590
		Différences en moins.	0	0.136	0.014	105	0.169

Le coëfficient 0.86 donnerait pour la 2e série de 48 coups :

$$\text{à } 100\ y = 1.523, \qquad \text{à } 200\ y - 2.345, \qquad \text{à } 400\ y = 1,367,$$

Différences.   0.089,   0,067,   0.070

La trajectoire calculée est donc à peu près parallèle à la trajectoire moyenne, et ne s'en écarte ici que d'une quantité assez minime.

L'expérience ayant démontré qu'il était plus avantageux dans la pratique de tirer plutôt un peu trop bas que trop haut, nous avons adopté pour la table n° 4 le coëfficient 0.86... Si l'on voulait passer au coëfficient 0.088, on aurait en appelant n la valeur de la table $n' = \dfrac{88}{86}\, n$.

Lorsque le tir a lieu sous des angles ouverts, il n'est plus possible de supposer $b = 1$ et $cos\,\alpha = 1$; il faudra dans ce cas se servir de la valeur de b qui convient à l'angle de projection. Les calculs consisteront à substituer successivement à la place de x des nombres de plus en plus grands, on obtiendra une série de points de la trajectoire : En terrain horizontal, la portée sera égale au nombre qui étant substitué dans l'équation donnera $y = o$, ou $y = b$, si le terrain n'est pas de niveau.

L'équation (O) représente la trajectoire avec une exactitude assez grande, particulièrement lorsqu'il s'agit de petits projectiles pour lesquels la résistance de l'air est relativement beaucoup plus grande que pour les gros, 1er cahier, page 20 ; au contraire celle (P) convient davantage aux boulets doués d'une grande vitesse. Ainsi, par exemple, si on applique cette équation au tir du canon de 12 de campagne, en supposant la vitesse initiale de 485ᵐ par seconde, on reproduit avec une exactitude remarquable la trajectoire déterminée par les hausses contenues dans le règlement de 1848 (*titre 1ᵉʳ, note sur le pointage*). Au delà de 1200ᵐ, on obtient encore des résultats exacts qui cadrent avec les expériences jusqu'aux limites extrêmes de la portée.

L'équation

$$y = x\, tang\, \alpha - \frac{gx^2}{4\, V^2 \left(log\, \frac{V}{v}\right)^2} \left(\frac{V^2}{v^2} - 2\, log\, \frac{V}{v}\, 1 -\right) \quad (P)$$

peut être écrite sous la forme :

$$y = x\, tang\, \alpha\, \frac{gx^2}{2V^2} \frac{\left(\frac{V^2}{v^2} - 2\, log\, \frac{V}{v} - 1\right)}{\frac{1}{2}\left(log\, \frac{V}{v}\right)^2}$$

qui se rapporte au tir sous de petits angles.

On a en général :

$$y = x\, tang\, \alpha - \frac{gx^2}{2\, V^2\, cos^2\, \alpha} \frac{\left(\frac{V^2}{v^2} - 2\, log\, \frac{V}{v} - 1\right)}{2\, b^2 \left(log\, \frac{V}{v}\right)^2}$$

et faisant :

$$\frac{\frac{V^2}{v^2} - 2\, log\, \frac{V}{v} - 1}{2\, b^2 \left(log\, \frac{V}{v}\right)^2} = Y$$

on sera ramené à la forme

$$y = x\, tang\, \alpha - \frac{gx^2}{2\, V^2\, cos^2\, \alpha}\, Y$$

donnée déjà, dans le 1er cahier.

La fonction Y étant tout à fait indépendante du calibre, convient également à tous, du moment où les vitesses initiales et finales sont les mêmes. On peut calculer des tables des valeurs de Y à l'aide de celles données page 128, et les différences entre ces valeurs seront assez faibles pour qu'on puisse conclure celles intermédiaires par de simples proportions.

Dans une série d'expériences, on fera varier $n\Delta x$ suivant les exigences de la question; car les valeurs de n que donne la théorie ne peuvent être considérées que comme des approximations, à cause de l'ignorance où nous sommes des véritables lois de la résistance de l'air.

Faisant $y = o$ dans l'équation précédente, on a :

$$\tan \alpha = \frac{gx}{2V^2}, \ Y.$$

٭ Pour appliquer ce que nous venons de dire, prenons pour exemple le tir d'un canon de 12 de campagne, chargé à 2 kilog. de poudre, tirant de 800^m à 2600^m, page 414 de l'*Aide-mémoire*. Admettons qu'on ait $V = 488^m 5$ répondant à la cote 0,0826 du tableau page 128.

La valeur de α répondant à 1000^m est de $2°18'20''$; si l'on substitue à la place de v différentes valeurs, on trouve, après quelques tâtonnements, $v = 205^m$ qui donne $Y = 1,952$ en nombre rond, et $\alpha = 2°18'$ environ.

Or, la cote de 205 est page 128,

$$0,55 + \frac{5.77}{15.31} \ 0,05 = 0,5688,$$

Tableau comparatif des résultats que donnent l'expérience et le calcul.

AIDE MÉMOIRE.			TABLE BALISTIQUE.				OBSERVATIONS.
Distances.	Hausse.	Angles de tir.	Cotes.	Vitesses.	Valeur de Y.	Angles de tir.	
mètres.	millimètres.						
800	22	1°35'	0,472	238,3	1,713	1°36'48"	D'après les tables de
1000	46	2°18'20"	0,569	205	1,952	2°18'	M. le colonel Didion,
1200	73	3°	0,666	177,3	2,238	3° 9'34"	on trouve pour la di-
1400	109	4°	0,763	153,4	2,544	4°11'15"	stance de 1800^m
1600	148	5° 3'20"	0,860	133,1	2,864	5°21'25"	
1800	195	6°20'	0,958	115,6	3,367	7° 6' 5"	$\alpha = 7°46'20"$.
2000	248	7°45'	1,055	100,6	3,875	9° 3'	Vitesse : 105^m,8.
2200	305	9°18'20"	1,152	87,6	4,507	11°31'10"	
2400	390	11°18'20"	1,250	76,3	5,272	14°34'40"	
2600	444	13°	1,347	66,6	6,177	18°16'10"	

mais la cote à l'origine étant de 0,0826, il reste pour 1000ᵐ 0,4862, page 128. A l'aide de ces documents, nous avons calculé les résultats contenus dans le tableau qui précède :

L'inspection de ce tableau fait voir que la trajectoire réelle est beaucoup plus relevée que la trajectoire calculée, et que les deux courbes, qui coïncident presque jusqu'à 1200ᵐ, s'éloignent de plus en plus l'une de l'autre, à mesure que la distance augmente.

Il est présumable que c'est cet inconvénient qui a empêché Lombard et d'Obeinheim d'adopter la loi des coefficients variables de Hutton, en modifiant cette loi de manière à la faire entrer dans leurs calculs; les travaux que nous ont laissés ces savants estimables me paraissent une garantie que cette tâche n'était nullement au-dessus de leur capacité.

Si au lieu de partir du tableau de la page 128, nous cherchons, par des tâtonnements successifs, les valeurs de v qui conduisent aux valeurs expérimentales de tang α..., nous trouvons des vitesses très-différentes de celles que donne le tableau de la page 128, et on remarque qu'à partir de 205ᵐ le décroissement est presque conforme à la loi adoptée par Besout, ce qui prouve, comme l'avait fort bien observé d'Obeinheim, que, pour les petites vitesses, le coefficient adopté par Lombard est trop fort, et trop faible pour les grandes vitesses.

Le coefficient $n = \dfrac{0.25 \, \delta_0 \, v^2}{P}$, page 89, suppose d'après Besout $\delta = \dfrac{1000^k}{850}$: si nous appliquons cette formule au boulet de 12 pour lequel nous avons : $r = 0^m,0592$, $P = 6^k07$, il viendra $n = 0,0005334$.

Mais nous avons trouvé page 98 $e^{nx} = \dfrac{V}{v}$ et partant $v = \dfrac{V}{e^{nx}}$ or à 1000, $v = 205^m$; on aura donc à 1200^m $v = \dfrac{205}{e^{nx}}$: or, si l'on prend les logarithmes, il vient :

$$\log v = \log 205 - 0,0005334 \, . \, 200 \, . \, \log e \, ;$$

mais $\log e = 0,4343$, on aura donc :

$$\log v = \log 205 - 0,04633.$$

et comme les espaces vont toujours en croissant réguliérement de 200^m, dans l'exemple dont nous nous occupons, il suffira, pour avoir le logarithme de la vitesse, pour un espace, de retrancher 0,04633 du logarithme de la vitesse relative à l'espace précédent.

D'après ces données, nous avons calculé le tableau ci-après, qui met dans tout son jour l'exactitude de la loi de Besout pour les petites vitesses ; si, du moins, l'exemple sur lequel nous nous sommes fondés présente une exactitude suffisante pour servir de base à nos calculs.

Tir du canon de 12 de campagne.

DISTANCES EN MÈTRES.	ANGLES DE TIR.	VITESSES EN MÈTRES			OBSERVATIONS.
		calculées d'après les inclinaisons.	calculées d'après Besout.	calculées d'après Lombard.	
800	1°37′ 2″	240	228	233	Il est à remarquer que les vitesses déduites des inclinaisons sont un peu faibles, surtout pour les grandes distances, ce qui tient à la supposition de cos $\alpha = 1$, supposition dans laquelle tous ces calculs ont été effectués.
1000	2°18′	205 base	205	205	
1200	3°	187	184,3	180,4	
1400	3°53′20″	164	165,6	158,7	
1600	5° 3′10″	145	148,8	139,6	
1800	6°18′40″	130	133,8	123,1	
2000	7°43′30″	118	120,2	108	
2200	9°15′30″	108	108	95	Du reste, ces calculs sont assez exacts pour le but que nous nous proposons ici.
2400	11°17′	97,1	97,1	83,6	
2600	13°	91	87,3	73,5	

(1) 600ᵐ,   1°4′11″,   279ᵐ.   *Id.*, calculée d'après la table, p. 128.   279ᵐ,77.

Si l'on cherche les valeurs μ qui répondent aux diverses vitesses calculées à l'aide de la formule

$$\operatorname{tang} \alpha \frac{gx}{2V^2} \frac{\left(\dfrac{V^2}{v^2} - 2\log\dfrac{V}{v} - 1\right)}{2\left(\log\dfrac{V}{v}\right)^2} \text{ on obtient :}$$

Vitesses	Valeur de μ	Vitesses	Valeur de μ
279	1.41	145	1.02
240	1.48	130	0.91
205	0.86	118	0.83
187	1.23	108	1.00
164	1.15	97	0.77
145		91	

La valeur moyenne de μ, depuis 205^m jusqu'à 91^m, serait de 0.97, en sorte que le multiplicateur 0.25 devrait être réduit à 0.24 environ.

Bien que les valeurs de μ que nous venons de trouver diffèrent beaucoup entre elles, et ne semblent assujéties à aucune loi régulière, cependant les variations qu'elles présentent sont beaucoup moindres que celles qui résultent des expériences de Hutton sur le tir au pendule, particulièrement pour le boulet d'une livre. Ainsi, on a trouvé, dans ces expériences, pour les vitesses

de $202^m.2$ à $179^m.8$ en moyenne $\mu = 1.32$

de 169. 8 à 157. 9   » $\mu = 1.08$

de $137^m.2$ à $126^m.2$ » $\mu = 1.25$

de 116 $.1$ à 109 $.7$ » $\mu = 1.42$

de 92 à 86 $.3$ » $\mu = 1.41$

On peut objecter que les circonstances du tir ne sont pas les mêmes dans chaque série, mais cette observation s'applique à plus forte raison à la détermination des valeurs de μ d'après les hausses.

La valeur moyenne de μ étant de 0.97, on voit qu'on peut consicérer la résistance de l'air comme étant exactement proportionnelle au carré de la vitesse depuis 205^m jusqu'aux plus faibles vitesses en usage et admettre $\mu = 1$.

On voit, par le tableau page 149, que le décroissement de la résistance de l'air est encore plus lent, pour les petites vitesses, que ne le suppose même l'hypothèse de Besout ; mais on reconnaît qu'à partir de la vitesse de 205^m la résistance de l'air augmente très-rapidement, au point que le coefficient constant, au lieu de conserver sa valeur de $0,25$, devrait être porté à environ $0,365$, c'est-à-dire de 1 à $1,48$, pour passer de la vitesse de 205 à celle de 240. Ce changement brusque, dans l'intensité de la résistance de l'air, n'avait pas échappé à Robins, ainsi qu'on le voit dans son ouvrage intitulé : *Nouveaux principes d'artillerie*.

Il est évident que la courbe qui exprime les valeurs de μ ne saurait avoir une de ses branches formée d'une droite, parallèle à l'axe des abcisses, et répondant à l'ordonnée $\mu = 1$, relative à notre coefficient 0,25, que cette droite n'est qu'une moyenne, et que la courbe réelle s'abaisse au-dessous, pour les petites vitesses, et remonte au-dessus, pour celles qui se rapprochent de 205^m.

Dans tous les cas, la réduction du coefficient 0,25 ne pourrait être que fort petite ; elle ne serait motivée que sur les expériences de Hutton, qui a trouvé que la résistance sur une sphère n'est que le 0,417 de celle qui aurait lieu sur son grand cercle, au lieu d'être de la moitié, ainsi que nous l'avons supposé ; il en résulterait alors que le coefficient 0,25 serait trop grand et pourrait être réduit à $0,25 \times 0,834$ ou à 0,2185.

On voit, par cet aperçu, que si l'on avait une série d'expériences bien faites, on pourrait arriver à calculer les valeurs de μ d'après la forme de la trajectoire. Et, il faut le dire, le tir aux distances éloignées, est, nonobstant l'incertitude qu'il présente, la pierre de touche de toutes les théories balistiques.

On est conduit à se demander si, à cause de l'ébranlement communiqué par le projectile à toute la masse de l'air, ébranlement accusé par le baromètre et qu'on ressent très-bien dans les aréostats, les conditions du mouvement sont absolument les mêmes pour un mobile qui a déjà parcouru un long espace avant d'arriver au point M, et pour le même projectile, partant du point M, avec une vitesse initiale et une inclinaison égales à celles qu'il avait au même point, dans la première trajectoire. Je suis porté à croire que les deux courbes, décrites à partir du point M, ne seraient point identiques, et que la première passerait au-dessus de la seconde ; toutefois, les différences me paraissent devoir être assez petites, et, l'expérience peut seule faire connaître, si la valeur du coefficient de la résistance de l'air convient à la fois, pour la détermination de la vitesse restante, et pour le calcul de la trajectoire.

Il est à croire que, pour les mouvements lents, les remous qui ont lieu dans le fluide diminuent l'influence de la vitesse sur la résistance du milieu ; c'est ainsi qu'on peut trouver, pour ces vitesses, des formules où la résistance de l'air est représentée fort exactement, dans des limites assez éloignées, par la loi $R = mv$.

En adoptant cette loi on a ;

$$dv = - \, mv dt \text{ et à cause de } v = \frac{dx}{dt}, \; dv = - \, mdx,$$

et partant $v = V - mx$; formule dont on peut vérifier l'exactitude pour la dernière série des expériences de Hutton sur le tir au pendule des boulets de 1 et de 3.

En prenant la première vitesse de la dernière colonne, premier cahier, pour vitesse initiale, la deuxième vitesse pour la valeur de v et la différence des distances du tir, pour x, on calculera $m = \dfrac{V - v}{x}$ et on reproduira exactement toutes les vitesses de cette même colonne.

On conçoit comment il se fait que, Hutton et Euler aient supposé $R = -mu - nu^2$, n étant une fraction très-petite, qui fait disparaître l'influence du carré, à mesure que la vitesse diminue.

Les principes du tir étant fondés sur la connaissance de la forme de la trajectoire, on conçoit que la détermination de cette courbe est du plus haut intérêt pour la pratique.

D'après ces considérations, je pense qu'il y a lieu de modifier le tableau que nous avons donné page **128**, à partir de la colonne **0,55** répondant à la vitesse de $210^{m},77$.

Du reste, rien de plus simple que la formation de cette table à l'aide de la formule $v = e\,\dfrac{V}{0,05c}$. Si nous voulons adopter le coefficient **0,86** et conserver la densité de l'air admise par Besout, il faudra poser $c = \dfrac{1,176}{1,208 \times 0,86}$, par ce moyen on ramènera le coefficient de la table à la valeur de **0,25** qui convient pour les petites vitesses. Il viendra alors $e = 1,132$ en nombre rond, et $0,05 \times 1,132 = 0,0566$.

Table balistique, N° 6, pour les petites vitesses.

$n\Delta x$.	Vitesses.	Différences.	$\dfrac{\Delta t}{\Delta x}$	$n\Delta x$.	Vitesses.	Différences.	$\dfrac{\Delta t}{\Delta x}$
0,55	210,77	10,59	0,005514	1,55	67,95	3,96	0,06115
0,69	199,18	10,96	0,005699	1,60	64,21	3,74	0,01709
0,65	188,22	10,36	0,006172	1,65	60,68	3,53	0,04809
0,70	177,86	9,79	0,006530	1,70	57,34	3,34	0,01914
0,75	168,07	9,25	0,006910	1,75	54,19	3,15	0,02026
0,80	158,82	8,73	0,007315	1,80	51,20	2,99	0,02144
0,85	150,09	8,25	0,007739	1,85	48,39	2,81	0,02268
0,90	141,84	7,82	0,008192	1,90	45,72	2,67	0,02401
0,95	134,02	7,37	0,008669	1,95	43,21	2,54	0,02541
1,00	126,65	6,97	0,009183	2,	40,83	2,38	0,02688
1,05	119,68	6,59	0,009707	2,10	36,46	4,37	0,02939
1,10	113,09	6,22	0,01027	2,20	32,56	3,90	0,03291
1,15	106,87	5,87	0,01087	2,30	29,08	3,48	0,03686
1,20	101,00	5,57	0,01150	2,40	25,96	3,12	0,04126
1,25	95,43	5,25	0,01217	2,50	23,48	2,78	0,04623
1,30	90,18	4,96	0,01288	2,60	20,71	2,47	0,05177
1,35	85,22	4,69	0,01363	2,70	18,49	2,22	0,05794
1,40	80,53	4,43	0,01442	2,80	16,51	1,98	0,06490
1,45	76,10	4,19	0,01526	2,90	14,74	1,77	0,07268
1,50	71,91		0,01615	3,	13,16	1,62	0,98141

En sorte qu'on aura $v = \dfrac{V}{e^{0,0566}}$ ou

$$\log v = \log V - 0,0566 \times 0,4343 = \log V - 0,02458.$$

Quant à la valeur du temps employé à parcourir chaque intervalle, il est égal à $\dfrac{e^{0,0566}1}{Vn}$, c'est-à-dire qu'il est en raison inverse des vitesses au commencement de chaque intervalle. On a $\dfrac{\Delta t}{\Delta x} = \dfrac{e^{0,0566}1}{n\,\Delta x\,V} = \dfrac{1,1643}{V}$.

Pour vérifier cette table, soit un boulet de 12 animé d'une vitesse de 488,5 par seconde.

La cote de l'origine du mouvement a été trouvée page 145 de 0,0826, la cote des 2600^{m} est :

$$\frac{2600 \times 0,025}{53,16} = 1,223$$

et partant celle de la vitesse finale de 1,306 ; or, la vitesse répondant à 1,30 est de 90,18, et partant on a $v = 90,18 - 4,96\,\dfrac{56}{500} = 89^{\mathrm{m}},63$, quantité fort rapprochée de 91^{m}. En introduisant cette valeur dans l'équation de la trajectoire, page 145, on obtiendra pour tang α une valeur très-rapprochée de l'expérience.

En second lieu, si l'on admet que la balle du fusil soit portée à 600^{m}, sous l'angle de 4°36′37″ avec une vitesse initiale de 447,37, ce qui est tout à fait conforme à l'expérience. On trouve par la formule de la page 145 $v = 67^m,52$ répondant à la cote de 1,556 ; mais la cote de l'origine étant de 0,125, en a 1,431 pour 600^m, et en nombre rond 0,24 pour 100^m. La trajectoire de la balle du fusil, calculée dans ces conditions, me paraît se rapprocher beaucoup des résultats de l'expérience.

Quant au tir sous des angles élevés, comme celui des bombes, il est évident que la méthode de Lombard, qui est celle d'Euler, donne des résultats bien plus rapprochés de l'expérience que les autres, car tous les auteurs conviennent que pour les vitesses ordinaires la résistance de l'air est sensiblement proportionnelle au carré de la vitesse, mais cette méthode présente l'inconvénient d'être fort laborieuse; puis, la distinction des espèces de trajectoires est encore une complication fâcheuse; aussi, malgré l'exactitude des calculs de Lombard, sa méthode est rarement employée, et on se contente de reproduire dans les divers aide-mémoire les résultats qu'il a obtenus, afin d'éclairer la pratique du tir.

Besout, dans les expériences faites à La Fère en 1771, page 95, dans le but de constater l'exactitude de sa théorie, reconnaît que l'équation :

$$y = x \tan g\, \alpha - \frac{g}{4\, n^2\, b^2\, V^2 \cos^2\alpha} \left(e^{2nbx} - 2nbx - 1\right) \qquad (1)$$

(qui n'est qu'une transformation de la sienne), est préférable à celle où l'on considère séparément les deux branches de la courbe, et où l'on a égard au décroissement de la densité de l'air au sommet de la trajectoire.

D'après Besout, les équations du mouvement sont :

$$y = x \tang \alpha - \frac{g}{4n^2b^2V^2\cos^2\alpha}\left(e^{2nbx} - 2nbx - 1\right) \quad (1),$$

$$z = \tang \alpha - \frac{g}{2nbV^2\cos^2\alpha}\left(e^{2nbx} - 1\right) \quad (2),$$

$$v = \sqrt{\frac{V\cos\alpha\sqrt{1+z^2}}{1 + \frac{2nbV^2\cos^2\alpha}{g}(\tang\alpha - z)}} \quad (3);$$

$$T = \frac{1}{nbV\cos\alpha}\left(e^{2nbx} - 1\right) \quad (4);$$

Si l'on fait $y = 0$, on obtient la relation :

$$V^2 = \frac{g}{nb\sin 2\alpha}\left(\frac{e^{2nbx} - 2nbx - 1}{2nbx}\right) \quad (5),$$

qui permet de calculer la vitesse initiale, quand on connaît la portée.

La quantité que nous avons appelée b est le rapport du développement de la trajectoire, supposée parabolique, à la portée, conséquemment bx est ce même développement.

Tant que la vitesse n'est pas très-grande, la différence entre bx et la longueur réelle de la trajectoire n'est pas très-considérable, mais lorsque la vitesse est

considérable, ou que l'angle de chute diffère beaucoup
de l'angle de tir, la trajectoire réelle s'élève beaucoup au-dessus de la parabole, et devient bien plus
longue.

D'après cette observation, je pense que la valeur
de b doit être prise moyenne entre celles afférentes aux
valeurs α et ω de la trajectoire que l'on considère. Toutefois, cette marche étant fort laborieuse et exigeant
des calculs préalables, nous nous contenterons d'en
faire mention ici.

Proposons-nous d'abord de modifier les formules
ci-dessus, de manière à les rendre propres à représenter les expériences de Lombard.

Si nous développons le terme e^{2nbx} nous avons :

$$1 + 2nbx + 2n^2b^2x^2 + \frac{4}{3}n^3b^3x^3 + \text{etc.},$$

et partant $\dfrac{e^{2nbx} - 2nbx - 1}{e^{2nbx}} = nbx + \dfrac{2n^2b^2x^2}{3} + \cdot$

Cette valeur étant substituée dans l'équation (5)

donne $\qquad V^2 = \dfrac{gx}{\sin 2\alpha}\left(1 + \dfrac{2}{3}nbx + \cdots\right)$

La formule (5) donnant des vitesses trop grandes,
nous poserons $V^2 = \dfrac{gx}{\sin 2\alpha}(1 + Knbx)$, K étant un
coefficient à déterminer, de manière à satisfaire à la
condition de faire coïncider les vitesses trouvées avec
celles calculées par Lombard.

Nous poserons également :

$$z = \tang \alpha - \frac{gx}{V^2\cos\alpha}\,(1 + K'nbx)$$

K' étant un coefficient à déterminer de manière à faire coïncider les angles de chute.

Après différents essais, nous avons trouve $K = 0,45$ et comme $b = 1,148$ en nombre rond pour $45°$. (Voir la table des valeurs de b, premier cahier.) Il viendra $Kb = 0,5166$, en sorte que, pour le tir à $45°$, on aura $V^2 = gx\,(1 + 0,5166\,nx)$.   (A)

C'est d'après cette formule que nous avons dressé le tableau ci-après :

Il résulte de l'inspection de ce tableau, que la formule (A) ne donne plus exactement les vitesses, au-delà de 210^m, mais c'est un léger inconvénient, puisque nous avons vu, page 149, que la loi de la résistance de l'air, adoptée par Besout, n'est plus admissible au-delà de cette limite.

Il résulte de ce qui précède, que l'équation approximative

$$y = x - \frac{gx^2}{V^2}(1 + 0,5166\,nx) \qquad (B)$$

représente assez fidélement les portées obtenues par Lombard, d'après une méthode infiniment plus pénible et plus laborieuse, et cela jusqu'à 2500^m environ.

Tableau des vitesses initiales des bombes, d'après des portées connues, obtenues sous l'angle de 45° (Aide-mémoire).

BOMBES DE 32.			BOMBES DE 27.			BOMBES DE 22.		
Vitesses.		Portées.	Vitesses		Portées.	Vitesses		Portées.
Lombard.	Calculées.		Lombard.	Calculées.		Lombard.	Calculées.	
272	»	5789	207	203,2	2678	134	132,6	1286
239	»	3261	185	183,7	2306	121	120,4	1105
212	206,9	2812	166	166	1976	108	108,5	934
190	188,1	2423	149	150,1	1688	97	97,2	778
170	169,9	2075	134	135	1425	86	86,7	641
153	153,6	1772	120	120,1	1186	76	76,6	546
137	138,3	1497	106	107,5	976	66	66,8	405
122	123,6	1245	94	95,7	798	57	57,2	305
109	107,5	1027	82	82,8	618			
96	95,7	826	70	71,2	470			
84	82,8	649						
72	71,20	493						

Pour les distances très-éloignées, et jusqu'à 300^m, l'équation

$$y = x - \frac{g x^2}{V^2}(0{,}88 + 0{,}7396\ nx) \qquad \text{(B')}$$

représente mieux encore les expériences de Lombard, mais on conçoit qu'elle devient d'autant plus défectueuse que la résistance est plus faible, et, lorsqu'on a $n = 0$, l'équation qu'on obtient est tout à fait inexacte.

Pour trouver les portées en terrain horizontal, on fera $y = o$ et l'on aura :

$$\text{(C)} \qquad \frac{V^2}{g} = x + 0{.}5166\ nx^2,$$

équation du 2e degré facile à résoudre.

Si le terrain n'était pas de niveau et que la hauteur du but fût h, on aurait x, en résolvant une équation numérique du 3e degré.

Différenciant l'équation de la trajectoire, on obtient :

$$\frac{dy}{dx} = z = 1 - \frac{2gx}{V^2}(1 + 0{,}7749\ nx). \qquad \text{(D)}$$

Au point culminant de la courbe, on a :

$$z = 0 \text{ et } \frac{V^2}{2g} = x + 0{,}7749\ nx^2,$$

équation du second degré qui fera connaître l'abcisse

du point culminant de la trajectoire ; substituant cette valeur dans l'équation (B), on obtiendra la hauteur du jet.

On trouvera l'angle de chute ω en substituant à la place de x, dans l'équation (D), la portée obtenue.

Cela posé, l'équation :

$$z = 1 - \frac{2\,gx}{V^2}\,(1 + 0,7749\,nx);$$

étant différenciée, donne :

$$dz = -\frac{2gdx}{V^2}\,(1 + 1,55\,nx);$$

multipliant les deux membres par dx, on a :

$$dxdz = -\frac{2gdx^2}{V^2}\,(1 + 1,55\,nx),$$

mais quelle que soit la loi de la résistance de l'air, on a, $dxdz = -gdt^2$, il viendra donc :

$$(K) \qquad dt^2 = \frac{2}{V^2}\,(1 + 1,55\,nx)\,dx$$

et partant $\quad dt = \frac{V^2 dx}{V}\,\sqrt{1 + 1,55 nx}\,;\quad$ intégrant,

on a : $\quad t = \frac{2}{3}\,\frac{V^2}{1.55\,nV}\left[(1 + 1,55\,nx)^{\frac{3}{2}} - 1\right] \quad (E).$

Équation qui donne des résultats beaucoup plus rapprochés de l'expérience que celle :

$$t = \frac{1}{nb\,V\cos\alpha}\left(e^{nbx} - 1\right)$$ qui doit être réduite à :

$$t = \frac{x}{V\cos 45^c}\left(1 + 0,3444\,nx\right) \quad \text{(E bis)}$$

pour donner des résultats exacts.

Pour trouver la vitesse restante, reprenons l'équation

$$\text{(K)} \qquad dt^2 = \frac{2}{V^2}\left(1 + 1,55\,nx\right) dx^2 \quad \text{qui devient :}$$

$$\text{(K')} \qquad \frac{dx^2}{dt^2} = \frac{V^2}{2}\,\frac{1}{(1 + 1,55nx)};$$

or, nous avons :

$$ds^2 = dx^2 + dy^2 = dx^2\left(1 + \frac{dy^2}{dx^2}\right) = dx^2\left(1 + z^2\right);$$

on aura donc $\dfrac{ds^2}{dt^2} = v^2 = \dfrac{V^2(1 + z^2)}{2(1 + 1,55\,nx)}$

$$\text{et partant} \qquad v = \frac{V\sqrt{1 + z^2}}{\sqrt{2(1 + 1,55\,nx)}}. \qquad \text{(G)}$$

Au sommet de la courbe on a :

$$z = 0 \quad \text{et} \quad V_o = \frac{V}{\sqrt{2(1 + 1,55\,nx)}}.$$

La formule (5) donnant des vitesses initiales trop fortes exagère l'influence de la résistance de l'air, il en est de même de toutes les autres, et on conçoit que

$$\text{celle (3)} \quad v = \sqrt{\frac{V\cos\alpha\sqrt{1 + z^2}}{1 + \dfrac{2nb}{9}V^2\cos^2\alpha\,(\tan g\,\alpha - z)}} \quad \text{doit donner}$$

des résultats trop faibles et que pour la faire coïncider

avec les expériences de Lombard, il faut la modifier ;
on arrive à cette coïncidence en posant :

$$v = \sqrt{\dfrac{V \cos\alpha \sqrt{1 + z^2}}{1 + \dfrac{nb}{g} V^2 \cos^2\alpha\,(\tang\alpha - z)}}. \qquad (G\ bis)$$

La formule (G), obtenue directement de la courbe,
ne donne des résultats exacts que pour l'angle de 45°,
et surtout pour l'angle de chute.

Pour vérifier les formules que nous venons de
poser, prenons, dans le tableau ci-dessus, une vitesse
calculée, qui corresponde exactement à celle trouvée
par Lombard ; celle de 166^m pour la bombe de 27^c
lancée à 1976^m, par exemple ; nous trouvons pour
l'abcisse du point culminant de la trajectoire (équation
(E) $x_0 = 1051^m$, valeur qui, étant substituée à la
place de x dans l'équation de la trajectoire (B), donne
$y_0 = 569^m,50$ au lieu de 573 que trouve Lombard.

Substituant à la place de x, la portée 1976^m, dans
l'équation (D), on obtiendra :

$$z = \tang\omega = 1 - 2,2976$$

et partant $= -1,2976$ $\omega = 52°19$ au lieu de $53°33'$.

Nous remarquerons, à cet égard, que les angles de
chute trouvés par Lombard sont plus grands que ceux
que donne l'expérience : ainsi j'ai remarqué dans une
foule d'occasions que pour les distances de 400^m,

l'angle de chute était peu différent de celui de tir, ou de 45° et que la hauteur du point touché sur la perche et la distance horizontale du point de chute au pied de cette même perche, donnaient un angle très-peu différent de 45°, tandis que, d'après Lombard, pour les bombes de 27° l'angle de chute excède l'angle de tir de plus de 2° à 400^m.

L'équation (E) donne $t = 21'',37$, celle (E ^{bis}) donne $t = 21'',58$, nombre trouvé par Lombard.

La formule (G) en y faisant les substitutions convenables donne $v = 127^m,8$, celle (G bis) $v = 121^m$, nombre trouvé par Lombard. Je suis porté à croire que les formules de Lombard donnent des angles de chute trop grands, et des vitesses finales trop petites, surtout pour les mouvements lents.

Proposons-nous de déterminer la fonction qui représente la résistance de l'air, dans la formule approximative.

L'équation (K') donne

$$\frac{dx}{dt} = -\frac{V}{\sqrt{2}}(1 + 1{,}55\, nx)^{-\frac{1}{2}}$$

différenciant, en supposant dt constant il vient :

$$\frac{d^2x}{dt} = -\frac{0.775\, n V}{\sqrt{2}}(1 + 1{,}55\, nx)^{-\frac{1}{2}} dx;$$

divisant les deux nombres par dt, introduisant le facteur ds haut et bas dans le 2e membre, on obtient :

$$\frac{d^2x}{dt^2} = -\frac{0,775\, n\,\mathrm{V}}{\mathrm{V}\,2}(1 + 1,55\, nx)^{\frac{1}{2}}\frac{ds}{dt}\frac{dx}{ds}, \text{ or } \frac{ds}{dt} = v;$$

Il viendra donc :

$$\frac{d^2x}{dt^2} = \frac{-0,775\, n\,\mathrm{V}\,v}{\mathrm{V}\,2(1 + 1,55\, nx)} + \frac{1}{2}\frac{dx}{ds}.$$

Équation dans laquelle la quantité nv^2 page 85, est

représentée par $\dfrac{0,775\, n\,\mathrm{V}\,v}{\mathrm{V}\,2(1 + 1,55\ nx)^{\frac{1}{2}}}$ au 1er instant :

$$x = 0 \text{ et } v = \mathrm{V} \text{ et l'on a } \frac{0,775}{\mathrm{V}\,2}\, n\,\mathrm{V}^2 = 0,548\, n\,\mathrm{V}^2;$$

et la résistance de l'air est proportionnelle au carré
de la vitesse, mais bientôt cette proportionalité disparaît
et le décroissement est de moins en moins rapide.

On conçoit facilement que, si, à l'aide d'expériences
bien faites, et de calculs nombreux embrassant toutes
les expériences existantes, on parvenait à trouver l'équation de la trajectoire moyenne, on pourrait, ainsi que
nous venons d'essayer de le faire, en déduire, à postériori, la loi de la résistance de l'air.

Le problème du jet des bombes se réduit, en général,
à calculer la vitesse initiale que doit avoir le projectile
pour atteindre à une distance donnée; ou bien à calculer

la portée, connaissant la vitesse initiale. On pourra aisément résoudre ces problèmes à l'aide des formules précédentes, en tant que les vitesses n'excèderont pas 205 à 210^m. Mais les relations deviendront bien plus difficiles pour les grandes vitesses.

Nous remarquerons que les formules de Lombard supposent une certaine exagération dans la résistance de l'air. Ainsi, par exemple, on trouve dans le tableau page (16) que la portée d'une bombe de 22^c animée d'une vitesse initiale de 57^m est de 305^m, tandis qu'on trouverait 331^m, 2 dans l'hypothèse du vide. De telle sorte que l'action de la résistance du fluide déterminerait une réduction de 26^m,2 dans la portée, quantité évidemment trop forte.

La formule (B') présente des compensations d'erreur qui la rendent susceptible de donner les portées jusqu'aux plus grandes distances, ainsi qu'on pourra s'en assurer.

Si l'on introduit dans les équations que nous avons trouvées le coefficient 0,25 au lieu de celui 0,30 adopté par Lombard, on trouve, au moyen de l'équation (A) $x = 307^m$, correction insignifiante.

On voit, d'après cela, qu'il est présumable que l'expression de la résistance de l'air est beaucoup plus compliquée qu'on ne le suppose ordinairement, et qu'elle renferme un terme, où la vitesse est à la première puissance ; terme qui devient prépondérant pour les petites vitesses, c'est ce que semble prouver la formule que nous avons trouvée pour la résistance de l'air, page 153.

L'introduction du coefficient de la résistance de l'air admis par Besout, dans l'équation (A), donne pour la bombe de 27^c lancée à 1976^m, $V = 161^m,9$ au lieu de 166, en sorte que la différence n'est que de $4^m,10$.

L'équation approximative :

$$y = x \tang \alpha - \frac{gx^2}{2\,V^2 \cos^2\alpha}\left(0,88 + \frac{0,523\,nx}{\cos\alpha}\right) \qquad (B')$$

qu'on pourrait aussi appeler d'interpolation, représente beaucoup plus exactement le mouvement des bombes, qu'aucune de celles que je connaisse.

Elle représente les expériences de Lombard dans leurs limites extrêmes, et se rapproche beaucoup plus de la vérité pour les petites vitesses.

Lombard calcule dans son ouvrage toutes les circonstances du mouvement d'une bombe de 32^c pesant $78^k,11$, lancée sous l'angle de 45^a, avec une vitesse de 310^m par seconde. On a, pour cette bombe, $\frac{1}{n} = 2734^m$; faisant $y = 0$ et résolvant l'équation ; on obtient : $X = 4600^m$ au lieu de 4605 que trouve Lombard. En différenciant l'équation (B') on a :

$$\frac{dy}{dx} = z = \tang \alpha - \frac{0,88\,gx}{V^2\cos^2\alpha} - \frac{0,7845\,gnx^2}{V^2\cos^3\alpha} \qquad (K')$$

Au sommet de la courbe, on a $z = 0$, et l'équation (c') devient :

$$\frac{V^2 \cos \alpha^3 \tang \alpha}{g} = 0,88x \cos \alpha + 0,7845\, nx^2 \quad (c''),$$

équation qui donnera l'abcisse du point culminant de la trajectoire.

Effectuant les calculs et substitutions, on a $x_0 = 2555$ au lieu de 2570 que trouve Lombard ; substituant dans l'équation (B') on a $y_0 = 1508^m$, au lieu de 1504^m calculé par Lombard.

Si maintenant nous considérons une bombe à 22^c lancée sous l'angle $45°$ et portée à la distance de 305^m, nous trouvons $V = 55^m,26$, valeur qui, dans l'hypothèse d'une trajectoire parabolique, donne une portée de $311^m,3$, ce qui concorde parfaitement bien avec l'expérience.

La limite inférieure de la formule est évidemment donnée par l'équation

$$0,88 - \frac{0,523\,nx}{\cos \alpha} = 1,$$

d'où l'on tire $x = \dfrac{0,12 \cos \alpha}{0,523\,n}$ qui, pour le calibre dont nous nous occupons ici, donne $274^m,40$; ainsi, à la distance de $274^m,40$, la portée serait la même dans l'air que dans le vide, ce qui se rapproche le plus de la vérité, que les résultats que fournissent les formules transcendantes.

Si l'on achève les calculs commencés pour la bombe de 32 cent lancée à 4607 mètres, on obtient, par la formule (c) tang $\omega = -1,586$ qui répond à $\omega = 57°\ 46'$ au lieu de $60°\ 15'$ que trouve Lombard.

La durée du mouvement est donnée par la formule :

$$t = \frac{2}{3}\,\frac{1}{1,569\,n\mathrm{V}}\left[\left(0,88 + \frac{1,569\,nx}{\cos\alpha}\right)^{\frac{3}{2}} - 0,88^{\frac{3}{2}}\right]$$

qui résulte de l'équation de la trajectoire. Substituant, on obtient $t = 34''11$ au lieu de $34''82$ que trouve Lombard.

La vitesse finale est donné par la formule :

$$v = \frac{\mathrm{V}\cos\alpha\sqrt{1 + z^2}}{\sqrt{0,88 + \dfrac{1,569\,nx}{\cos\alpha}}}.$$

Effectuant les calculs et substitutions, on trouve $v = 191^{\mathrm{m}},3$ au lieu de 170 mètres obtenus par Lombard; nous pensons que la vitesse de 191^{m} est plus rapprochée de la vérité que celle de 170^{m}.

Différenciant la valeur $\dfrac{dx}{dt}$, on a :

$$\frac{d^2x}{dt^2} = -\frac{0.7845\,n\mathrm{V}v}{\left(0.88 + \dfrac{1,569\,nx}{\cos\alpha}\right)^{\frac{3}{2}}}\frac{dx}{ds}.$$

ici la fonction f qui représente la résistance de l'air

est $\dfrac{0,7845n\mathrm{V}v}{(088+1,569nx)}$ $\frac{3}{2}$. Au commencement du trajet on

a $x = 0$, $v = \mathrm{V}$, et $\dfrac{0,7845n\mathrm{V}^2}{(0.88)^{\frac{3}{2}}} = 0,95n\mathrm{V}^2$, quantité qui

diffère très-peu de $n\mathrm{V}^2$; mais on conçoit qu'il doit
arriver bientôt un instant, où les valeurs sont égales, et qu'on a finalement en appelant f, cette fonction, $f < nv^2$: il serait peut-être possible de modifier le
coefficient n, de manière à rapprocher encore davantage
la courbe de la trajectoire réelle.

Il est évident que la formule que nous venons de
donner, étant déduite des calculs de Lombard sur le
tir des bombes, ne convient que pour le tir sous de
grands angles de projection, et qu'elle ne peut être
appliquée que pour des angles peu éloignés de 45°.
Elle donne très-fidèlement les portées, les vitesses
initiales, la hauteur du jet, et la durée du mouvement.

Nous ne pousserons pas plus loin les applications
de la formule (B'); il nous suffira d'avoir fait remar-
quer que si l'on parvenait à trouver une trajectoire expérimentale qui embrassât toutes les expériences connues sur le tir; on pourrait en déduire la loi de la
résistance de l'air, et que la courbe devrait inspirer
toute confiance, du moment où la loi du décroissement

des vitesses, aux diverses distances, serait en harmonie avec les indications du pendule, à ces mêmes distances.

Nous allons passer maintenant à la balistique graphique.

M. d'Obeinheim, professeur à l'Ecole d'artillerie de Strasbourg, a eu l'idée de représenter graphiquement, à l'aide de courbes, toutes les circonstances du mouvement des projectiles, et, par un heureux choix de relations, il arrive à résoudre la plupart des problèmes de balistique, à l'aide de constructions graphiques très-simples, qui, généralement, se réduisent à des quatrièmes proportionnelles.

L'instrument qui sert à résoudre les problèmes qui se rapportent au tir sous de petits angles (15° au plus), s'appelle planchette du canonnier.

La planchette du canonnier présente un carré long de 0,66 de longueur et de 0,42 de hauteur. Elle est divisée en carreaux de 20 millimètres de côté, par des verticales et des horizontales, ce qui facilite beaucoup le placement, ou la mesure, des abcisses et ordonnées des diverses courbes. La feuille de dessin, qui forme la planchette, est collée sur une lame de zinc, afin que la pointe du compas ne détériore pas trop rapidement le tracé. La description complète de la planchette du canonnier et des nombreuses courbes qu'elle présente, nous jeterait au-delà des limites que nous nous sommes posées. M. d'Obeinheim voulant donner à la planchette, des dimensions telles, que ses diverses échelles permissent d'obtenir une approximation suffisante, est obligé d'avoir recours à des transpositions de courbes, c'est-à-dire qu'il replie, pour ainsi dire, ces courbes sur elles-mêmes, pour les faire entrer dans son cadre, ce qui complique beaucoup le tracé et la nomenclature de l'instrument.

Nous supposons que le lecteur a sous les yeux la planchette du canonnier. Pour donner une idée de cet instrument, nous allons citer un exemple : En faisant $y = 0$, $b = 1$ dans l'équation de la trajectoire (c), page 158, observant qu'on a $\dfrac{1}{\cos^2\alpha} = 1 + \text{taug}^2\alpha$, il vient :

$$\frac{2n\mathrm{V}^2}{g} = \left(\frac{e^{2nx} - 2nx - 1}{2nx}\right) \frac{1 + \text{tang}^2\alpha}{\text{tang}\,\alpha} \qquad (2).$$

Le bas de la planchette présente onze courbes rouges, qui expriment la relation entre les vitesses initiales et les portées horizontales, dans l'hypothèse de $\text{tang}\,\alpha = 0{,}01$; en sorte que les courbes rouges sont le lieu géométrique de l'équation :

$$\frac{2n\mathrm{V}_0^2}{g} = \left(\frac{e^{2nx} - 2nx - 1}{2nx}\right)\left(\frac{1 + 0{,}01^2}{0{,}01}\right)$$

pour les différents calibres. Les portées ou valeurs de x formant les ordonnées de la courbe, se mesurent verticalement et sont à l'échelle de 1 millimètre pour (15 pieds) ou de 4 millimètres pour $19^m,49$. Les vitesses auxiliaires V_o qui forment les abcisses se mesurent horizontalement et sont à l'échelle de 1 mill. pour (5^{pieds}) ou de 20 millimètres pour $32^m,48$; elles ont le point K pour origine. Quant aux valeurs de n, elles sont calculées dans l'hypothèse de $n = 0,03 \frac{\delta \omega r^2}{P}$ et sont à l'échelle de $\frac{1}{3}$ millimètre pour $0,000001$.

L'inspection de l'équation nous fait voir que, toutes choses égales d'ailleurs, les vitesses initiales sont entre elles comme les racines carrées de la fonction $\frac{1 + \tan g^2 \alpha}{\tan g \, \alpha}$.

Si donc, on établit une courbe noire cotée $a\,a\,a$, dont les prolongements sont $a'\,a''$... qui représente la relation entre $\tan g \, \alpha$ et $a \frac{\sqrt{1 + \tan g^2 \alpha}}{\tan g \, \alpha}$; a étant un coefficient déterminé par la convenance du tracé, on aura le moyen de passer de la vitesse auxiliaire V_o à la vitesse réelle V.

Dans la courbe $a\,a\,a$ les ordonnées qui représentent les valeurs de $a \frac{\sqrt{1 + \tan g^2 \alpha}}{\tan g \, \alpha}$ marchent de haut en bas à partir du point 0, et les abcisses horizontales sont les valeurs de tang α, depuis 0,01 jusqu'à 0,3, l'échelle commune est de 1 millimètre pour 0,0005.

Pour faire comprendre l'usage de ces courbes, supposons qu'on demande la vitesse initiale répondant à une portée donnée et à un angle de projection connu, pour le boulet de **24**, par exemple, qui se rapporte à la courbe H.

En portant l'ordonnée sur la courbe, on aura immédiatement l'abcisse ou vitesse auxiliaire V_0, en portant horizontalement la valeur de tang α sur la couche $a\,a\,a$, on aura de suite l'ordonnée :

$$a\ \frac{\sqrt{1+tang^2\alpha}}{tang\,\alpha} \quad \text{et comme OK} = a\frac{\sqrt{1+0,01^2}}{0,01}$$

Contruisant la 4e proportionnelle répondant à

$$a\ \frac{\sqrt{1+0,01^2}}{0,01} : a\ \frac{\sqrt{1+tang^2\alpha}}{tang\alpha} \, :: \, V_0 : V,$$

on aura la vitesse cherchée.

Au point O, se trouve un fil de soie très-fin, si on le tend, de manière à le faire passer par l'extrémité de V_0, sur KK', la rencontre de l'horizontale de tang α prolongée, avec le fil donnera V.

Réciproquement, si l'on donnait la vitesse initiale, l'angle de projection, et qu'on demandât la portée, la proportion ci-dessus ferait connaître V_0 et l'ordonnée correspondante serait la valeur de x ou la portée.

L'auteur, combinant entre elles les diverses équations du mouvement, donne le moyen de résoudre tous les problèmes qu'on peut proposer. Dans la première section de son travail, il suppose $b = 1$. Dans la 2ᵉ, il attribue à b une valeur appropriée aux problèmes qu'il a à traiter.

Il est à regretter que M. d'Obeinheim qui connaissait les travaux de Hutton n'ait pas tâché de faire usage des coefficients déterminés par cet auteur, de là résulte que les vitesses qu'il attribue aux mobiles sont trop faibles et ne cadrent pas avec l'expérience. En sorte que la planchette du canonnier ne donne des résultats exacts que pour les faibles vitesses, pour le tir à ricochet, par exemple. Tandis qu'elle ne saurait convenir pour le tir de plein fouet.

La deuxième partie du travail de M. d'Obeinheim se rattache à des idées plus générales que celle de la planchette du canonnier, c'est une solution complète du problème balistique. L'auteur, qui n'avait d'abord en vue que le jet des bombes, c'est-à-dire, le tir sous de grands angles de projection, avec des vitesses médiocres, a admis les plus grandes vitesses et est descendu jusqu'au boulet de 500 grammes et à l'angle de projection de 5°42'28", en sorte qu'il y a croisement entre ce nouveau travail et la planchette du canonnier.

La planchette du bombardier ou planchette balistique comprend trois feuilles de dessin, collées sur zinc, et de mêmes dimensions que la planchette du canonnier, mais beaucoup plus compliquées.

Dans cette partie de son travail, M. d'Obeinheim a recours à des considérations générales très-fécondes. Il construit ses trajectoires par branches séparées, à partir du sommet.

Pour donner une idée de la planchette balistique, prenons les équations du mouvement, page 88, on a pour la branche ascendante $dx = \dfrac{-dz}{n(2C - 2\int dz\sqrt{1+z^2}}$, qui donne :

$$2nx = x' = -\int \frac{dz}{C-Z}(1)$$

en appelant Z la valeur de $\int dz\sqrt{1+z^2}$. On obtient pareillement :

$$2ny = y' = -\int \frac{zdz}{C-Z}(2),\quad 2ns = s' = \log\left(\frac{C-Z}{c}\right) \cdot t\sqrt{2ng}$$

$$= t' = \int \frac{dz}{\sqrt{C-Z}},\quad v\sqrt{\frac{2n}{g}} = v' = \sqrt{\frac{1+z^2}{C-Z}},\quad C = \frac{1+z^2}{V^2}+Z$$

(U vitesse au sommet) $U = \sqrt{\dfrac{1}{C}}$

Pour la branche descendante, z est négatif et l'on a

$$x' = \int \frac{dz}{C+Z};\quad y' = \int \frac{zdz}{C+z};\quad s' = \log\left(\frac{C+Z}{C'}\right)$$

$$t' = \int \frac{dz}{\sqrt{C+Z}},\quad v' = \sqrt{\frac{1+z^2}{C+Z}},\quad C = \frac{1+z^2}{V'^2}-Z,$$

x étant donné en mètres et n étant de la forme de $\frac{1}{l}$,

l étant aussi un nombre de mètres, il est évident que $2nx$ est un nombre abstrait.

Si l'on suppose que les équations du mouvement soient intégrées, on pourra éliminer z entre les valeurs de x' et de y' et l'on aura alors une équation entre x' et y', qui sera celle d'un genre de courbes que M. d'Obeinheim appelle *trajectrices* : ces courbes qui conviendront à tous les calibres, seront entièrement semblables aux trajectoires, puisqu'on a $\frac{x}{y} = \frac{x'}{y'}$ et $x = \frac{x'}{2n}$ et $y = \frac{y'}{2n}$ et, comme il y a autant de trajectrices, qu'on peut donner de valeurs différentes à la constante C; on peut considérer cette constante comme une 3ᵉ variable, dont les valeurs peuvent croître depuis 0 jusqu'à l'infini, et imaginer pour les trajectrices une surface courbe, lieu géométrique des x' y' et des C.

Cela posé, si l'on imagine que les C se mesurent perpendiculairement à la planchette, chaque valeur particulière de C donnera, dans la surface en question, une courbe horizontale représentant la branche ascendante ou descendante de la *trajectrice*. Ainsi dans la feuille du centre, le groupe A représente les branches ascendantes ; celui A' les branches descendantes. Pareillement les groupes EE' représentent les mêmes branches avec leurs abcisses, à une échelle double, et sont spécialement affectés au jet des bombes. Les x' se mesurent à partir du point O, du côté de la branche qu'on considère ; les y' se mesurant de haut en bas, à partir de l'horizontale passant par le point O.

M. d'Obeinheim procède d'une manière analogue pour tous les autres éléments du problème, et les courbes, outre le C commun, ont une variable commune. Ainsi les groupes AA'EE' expriment une relation entre x' et y', ceux BB', FF' entre y' et z ; CC', BB' entre y' et v DD' entre x' et t', ce qui permet de passer d'une courbe à l'autre.

Les tables à double entrée, dont l'usage a été adopté par M. le colonel Didion, dans son excellent traité de balistique, sont la transcription numérique de cette belle idée de M. d'Obeinheim [1].

Il existe sur le groupe A, des courbes transversales appelées courbes des vitesses égales. Le groupe B présente des courbes dites des tangentes égales. On trouve encore des courbes, dites en regard, qui sont fort utiles ; mais ne pouvant présenter ici une description complète de la planchette balistique, nous allons donner une idée de la manière de procéder,

---

1. La table de multiplication offre l'exemple d'une table à double entrée, et sa représentation géométrique est une surface courbe, les facteurs donnés répondent ici à x' et à y' et le produit à c.

sans nous astreindre à la marche indiquée par l'auteur. (Voir la planchette balistique.)

Nous supposerons qu'il s'agisse d'une bombe de 27^c, lancée sous l'angle de $45°$, avec une vitesse de 134 mètres par seconde, et pour laquelle on demande la hauteur du jet, la portée, la vitesse de chute, la durée de mouvement, et l'angle de chute :

Nous avons $\frac{1}{n} = 0,9019 \frac{P}{r'^2}$, soit $P = 50^k,60$,

$r = 0^m,1355$ il viendra : $\frac{1}{n} = 2486^m$ en nombre rond.

La formule (7 bis), page 87, donne : $C =$

$$\frac{g}{2n V^2 \cos^2\alpha} + \frac{1}{2}\left(tang\alpha\sqrt{1+tang^2\alpha}+\log(tang\alpha+\sqrt{1+tang^2\alpha})\right).$$

Et à cause de la $\cos^2\alpha = \frac{1}{2}$ et de la fonction de tang α, page 105, $C = 1,14779 + \dfrac{9,81 \cdot 2486}{134,^2} = 2,51$ en nombre rond.

Cette valeur coïncide presque avec celle $C = 2,527$ qui répond à la trajectrice cotée R, du groupe EE', relatif au mouvement des bombes.

Cela posé, on a :

$$\nu = 134\frac{\sqrt{2n}}{g} = 1,214. \quad U = \frac{1}{\sqrt{C}} = 0,631.$$

Le groupe G donnant les relations entre les ν' et les y' pour la branche ascendante, l'échelle des ν' étant

de 50 millimètres pour l'unité, si l'on porte 50 millimètres $\times$ 1,214 $=$ 60 millimètres 7 sur l'horizontale
passant par l'origine A, l'intersection de la verticale
avec la courbe donnera $y = 57$ millimètres, ou en
unités 0,285 l'échelle étant de 200 millimètres pour,
l'unité.

Si nous portons cette ordonnée $= 57^{\text{mill.}}$ sur le groupe
EE'(qui se rapporte au mouvement des bombes à partir,
l'horizontale passant par le point o, nous avons
$x + x' = 190$ millimètres; or, l'échelle étant de
200 millimètres pour l'unité, on a pour la portée en
unités 0,95. Portant l'ordonnée y' sur le groupe G',
on obtient pour v' dans la branche descendante 0,84
et comme l'échelle est de 100 millimètres pour l'unité
la vitesse de chute ou unités est de 0,84.

Portant sur le groupe DD' les valeurs de x' à l'é-
chelle de 100 pour limite à partir de $t' = 39$ millimètres et $t_2 = 43$ millimètres, on a $t_1 + t_2 = 82$ millimètres, et à l'échelle de 50 millimètres donne
1,64 $= t'$ pour le temps.

Portant l'ordonnée sur le groupe F' courbe R, on
trouve $z = 71$ millimètres, qui a l'échelle de 50
millimètres, donne en unités $z = 1,42$.

Si nous passons aux grandeurs réelles, nous avons

$$X = 0,95 \times \frac{1}{2n} = 0,95 \times 1243 = 1181 \text{ mètres}$$

au lieu de 1425 mètres que trouve Lombard,
$Y = 0,285 \times 1283 = 344$ mètres au lieu de 394
que trouve Lombard.

$V\omega = 0,84 \sqrt{\dfrac{g}{2n}} = 92^{m},8$ en nombre rond, au
lieu de $106^{m},55$.

$T = 164 \sqrt{\dfrac{1}{2ng}} = 18''46$ au lieu de $17''94$.

Enfin $z\omega = 54°51$ au lieu de $51°10'$.

M. d'Obeinheim ayant adopté la même loi de la résistance de l'air, le même coefficient constant et la
même pesanteur spécifique du fluide, devait arriver aux
mêmes résultats que Lombard ; ou du moins à peu
près, mais cet auteur voulant comprendre dans sa
planchette, les expériences de Besout et le tir de tous
les projectiles, lancés avec de grandes vitesses, sous
des angles élevés, a adopté un mode d'intégration qui
raccourcit la trajectrice et équivaut à une augmentation
de la résistance de l'air.

On conçoit que si les valeurs de C qui déterminent
les trajectrices et toutes autres courbes élémentaires,
étaient assez rapprochées les unes des autres, pour que
dans les sections normales à la courbe, on pût considérer l'élément compris entre deux courbes comme une
ligne droite, les intercalations seraient très-faciles et
s'effectueraient par de simples proportions. M. d'Obeinheim suit une marche plus exacte et plus savante

qui complique encore le mécanisme de la planchette balistique ; nous ne pousserons pas plus loin cet examen, qui suffit pour le but que nous nous proposons ici.

Toutefois, il est à regretter que ce beau travail se trouve rendu à peu près inutile parce qu'on a voulu le rendre trop complet ; si l'auteur s'était borné au tir des bombes, en prenant Lombard pour guide exclusif, la planchette du bombardier serait un instrument balistique très-précieux.

La balistique graphique ne saurait donner des résultats aussi exacts que ceux qu'on obtient à l'aide de calculs directs ou de tableaux ; cependant elle me paraît suffisante pour les besoins de la pratique. Mais il faut que l'instrument soit simple, ne présente que les courbes rigoureusement nécessaires, avec l'indication écrite de leur usage et de leur échelle. Les planchettes de M. d'Obeinheim sont faciles à comprendre, elles permettent de résoudre tous les problèmes qu'on peut poser sur le tir, mais elles sont trop compliquées pour qu'on puisse en retenir facilement la nomenclature et l'usage, ce qui est un grave inconvénient.